ソリューション営業のすすめ方

事業性評価から「業績」につなげる
ノウハウ満載

竹内心作 著

銀行研修社

は　し　が　き

　今、金融機関は最も面白い時代に、最も面白い立場にあります。
　筆者はそう考えますが、「冗談ではない。人口減少やマイナス金利政策の影響で、我々は厳しい競争を強いられている」、「取引先の本業支援をしようにも若手はできないし、また指導できる職員もいなくて困っている」、特に営業店の現場からは、「通常の業務に加え、事業性評価という仕事が増えて大変」、「今までは貸出のボリュームアップに邁進してきたのに、ソリューション営業を推進することになり困惑している」などの感想を持つ方が多いのではないでしょうか。
　筆者は地方銀行や信用金庫の渉外担当者と、取引先の中小企業に同行訪問をしていますが、実際のところ積極的にソリューションを提供できている担当者はほんの一握りです。筆者はソリューション営業をしていない担当者約50人をつかまえ、「なぜソリューション営業をしないのか」聞いたところ、得られた回答は概ね次の３つに集約できました。
　１位：やったところで自分の営業ノルマに寄与しないから、やらない
　２位：ただでさえ忙しいのに手間がかかるから、やらない
　３位：やろうにも本部のサポートが不十分だから、できない
　読者の皆さんはどうお感じになるでしょうか？　筆者は、「実際にやってみたうえでの意見なのかな」という疑問を感じます。
　本書はこうした状況を踏まえ、営業店において、誰でもすぐに実行に移せるよう、ソリューション営業に向けた心構えや、具体的なソリューション提案のやり方を数多く紹介したものです。ソリューション営業に難しい理論や知識などまったく必要ありません。経営者の役に立ちたいという熱意と行動力さえあれば、誰でも実行可能なのです。読者の皆さんには、こ

の点をぜひ理解していただきたいと思います

　また、的確なソリューションを提供するために必要となる、近時注目される事業性評価の方法についても解説しました。

　金融機関は不良債権処理の時代を終え、取引先の成長支援に取り組む時代に突入しました。これからは中小企業の本業をサポートできる金融機関が顧客から選ばれます。「あの時、○○銀行、○○信金さんが融資してくれたから」だけでなく「あの時、○○銀行、○○信金さんが最適なソリューションを提案してくれて経営課題を解決できたから、今の我が社がある」と言われる時代がやってきます。

　本書が営業店で活躍する行職員のソリューション営業にとって一助となれば幸いです。

2017年3月

竹内 心作

目　次

第1章：なぜ今ソリューション営業の推進なのか
1. 地域金融機関の現状……………………………………………12
2. 金融行政の変遷…………………………………………………21
　(1) 金融行政の年表……………………………………………21
　(2) 金融行政の変遷……………………………………………23
　　①不良債権処理からリレバンへ……………………………23
　　②コンサルティングが「業務」に…………………………24
　　③取引先の「成長支援」への転換…………………………25
　　④「事業性評価」と「金融仲介機能のベンチマーク」が
　　　キーワードに………………………………………………26
　　⑤金融検査マニュアル「刷新」……………………………27
3. 多種多様な中小企業の経営課題………………………………28
　(1) 中小企業の経営課題………………………………………28
　　①「資金繰り」は6番目の経営課題………………………28
　　②取引先のニーズに応えるにはソリューション営業は外せない……30
　　③ソリューション提供に向けた発想力・企画力が問われる時代に…31
　(2) 金融機関の取組み状況……………………………………32
　　①本部が主導する取組み……………………………………32
　　②営業店が展開する取組み…………………………………34

第2章：求められる本業ソリューション
1. 地域金融機関に期待される役割………………………………38
　(1) 事業性評価とソリューション営業の位置づけ…………38
　　①ソリューション営業のための事業性評価………………38

②課題解決策こそ中小企業の経営者が求めるもの……………39
　(2) 地域金融機関だからこそできる役割……………………………40
　　①渉外担当者は「ハブ」の役割を……………………………40
　　②担当者個人として「ブレーン」を獲得する………………42
2．金融業界にはびこる３つの「誤解」をひも解く………………44
　(1)【誤解１】金利競争に陥るのは他行庫のせいだ ……………44
　　①金利競争に巻き込まれるのは担当者のせい………………44
　　②融資以外の利益も提供すべき………………………………45
　(2)【誤解２】ビジネスマッチングがうまくいかないのは
　　　　　　　　買いニーズが少ないからだ…………………………47
　　①経営者も自身のニーズをつかめていない…………………47
　　②提案を聞いてくれる関係性づくりが重要…………………48
　(3)【誤解３】取引先の課題を解決するのがソリューション営業だ …49
　　①経営課題を解決するのは経営者……………………………49
　　②真摯な取組み姿勢があれば十分……………………………50
3．本業ソリューションを提供する際のポイント…………………51
　(1) 全方位から情報を収集する……………………………………51
　　①企業情報の収集………………………………………………51
　　②業界情報の収集………………………………………………52
　　③展示会での情報収集…………………………………………53
　(2)「訊き」上手になる ……………………………………………53
　(3) 仮説を立てる……………………………………………………54
　　①面談を世間話で終わらせない………………………………54
　　②間違った仮説でもよい………………………………………55
　(4) ゼロ回答をしない………………………………………………56
　　①経営課題を話してもらえるのは金融機関だからこそ……56

②経営者からも同僚からも一目置かれる存在に……………………57
　（5）頭よりも手と足を動かす………………………………………58
　　①中小企業の経営者は難解な戦略論等を求めていない…………58
　　②行動に移すことが肝要……………………………………………58
　（6）外部機関を活用する………………………………………………59
　（7）楽しんで取り組む…………………………………………………60
　　①ソリューション提供は「プレゼント」…………………………60
　　②ソリューション営業は人生を変えるパワーも持つ……………61

第3章：ソリューション営業の実践
1．金融ソリューションは大前提………………………………………64
2．「課題別」営業店でできる具体的なソリューション営業 ………66
　　①中小企業の代表的な課題は7つ…………………………………66
　　②経営者の抱く灯を炎に変えるソリューションを………………66
　（1）販売先の拡大………………………………………………………67
　　①「販売先がない」ことが多いのが実態…………………………67
　　②ネット検索による新規販売先の獲得提案………………………68
　　③都道府県事務所の活用提案………………………………………71
　　④官公需情報ポータルサイトの活用提案…………………………73
　　⑤購入型クラウドファンディングの活用提案……………………74
　（2）コストの削減………………………………………………………76
　　①有意義なコスト削減提案が理想…………………………………76
　　②省エネルギーセンターによる省エネ診断の活用提案…………78
　　③中古機械の買取を実施するリース会社とのビジネスマッチング…79
　（3）開発力・生産力の増強……………………………………………81
　　①開発力をサポートする意義………………………………………82

5

②生産力に対するソリューション提供‥‥‥‥‥‥‥‥‥‥ 83
　　③営業店職員による商品モニターの実施提案例〈開発力の増強〉‥‥ 83
　　④専門学校との産学連携提案〈開発力の増強〉‥‥‥‥‥‥ 85
　　⑤公設試験研究機関の活用提案〈開発力の増強〉‥‥‥‥‥ 87
　　⑥刑務作業への外注提案〈生産力の増強〉‥‥‥‥‥‥‥‥ 89
　(4) 販売促進活動の強化‥‥‥‥‥‥‥‥‥‥‥‥‥‥‥‥‥ 91
　　①発信力のなさをカバー‥‥‥‥‥‥‥‥‥‥‥‥‥‥‥‥ 91
　　②マスコミへのプレスリリース提案‥‥‥‥‥‥‥‥‥‥‥ 93
　　③営業店職員によるキャッチコピー作成提案‥‥‥‥‥‥‥ 95
　　④動画活用による販促提案‥‥‥‥‥‥‥‥‥‥‥‥‥‥‥ 97
　　⑤SNSへの取組み提案‥‥‥‥‥‥‥‥‥‥‥‥‥‥‥‥‥ 99
　(5) 人材の活用‥‥‥‥‥‥‥‥‥‥‥‥‥‥‥‥‥‥‥‥‥ 101
　　①成長企業の経営課題上位３つは全て「人材」‥‥‥‥‥‥ 101
　　②人材に対する課題は３つある‥‥‥‥‥‥‥‥‥‥‥‥‥ 102
　　③産業雇用安定センターの活用による人材採用提案‥‥‥‥ 103
　　④職能訓練施設の活用による人材採用・育成提案‥‥‥‥‥ 106
　　⑤技能検定試験活用の提案‥‥‥‥‥‥‥‥‥‥‥‥‥‥‥ 108
　　⑥中小企業勤労者福祉サービスセンター活用による福利厚生の
　　　充実提案‥‥‥‥‥‥‥‥‥‥‥‥‥‥‥‥‥‥‥‥‥‥ 109
　　⑦自動販売機設置による福利厚生の充実提案‥‥‥‥‥‥‥ 111
　(6) 事業の海外展開‥‥‥‥‥‥‥‥‥‥‥‥‥‥‥‥‥‥‥ 112
　　①海外展開方法は多様‥‥‥‥‥‥‥‥‥‥‥‥‥‥‥‥‥ 112
　　②進出国も多彩に‥‥‥‥‥‥‥‥‥‥‥‥‥‥‥‥‥‥‥ 113
　　③公的機関の活用が適切‥‥‥‥‥‥‥‥‥‥‥‥‥‥‥‥ 114
　　④ジェトロのアドバイザー活用提案‥‥‥‥‥‥‥‥‥‥‥ 114
　　⑤中小機構の活用による進出国のマーケット調査提案‥‥‥ 115

⑥国際協力機構の活用によるグローバル人材の育成提案………… 117
　　⑦日本貿易保険の活用によるリスクヘッジ提案……………… 118
　　⑧日本商事仲裁協会の活用による紛争解決提案……………… 120
　（7）経営環境の整備………………………………………………… 121
　　①漠然とした経営者のニーズを捉えた提案を………………… 121
　　②専門家ラウンドテーブルの実施提案………………………… 122
　　③各種コンテストへの挑戦提案………………………………… 125
　　④優良他社への見学ツアー実施提案…………………………… 127
　　⑤金融機関による各種セミナーの実施提案…………………… 129
　　⑥中小企業倒産防止共済の活用提案…………………………… 131
　　⑦後継者不在企業と起業希望者とのビジネスマッチング………… 132
3．アフターフォローの方法…………………………………………… 134
　（1）金融取引につなげるためにアフターフォローは不可欠………… 134
　（2）アフターフォローの方法……………………………………… 134
　　①進捗の確認……………………………………………………… 135
　　②効果の検証……………………………………………………… 135
　　③支援機関からヒアリング……………………………………… 136
4．ソリューション営業の効果………………………………………… 137
　（1）ソリューションの提供と与信・受信業務はひと続き………… 137
　（2）融資業務の拡大………………………………………………… 138
　（3）預金業務の拡大………………………………………………… 139
　（4）その他推進業務の拡大………………………………………… 140

第4章：ソリューション営業を可能にする事業性評価

1．目指すのは躍動的な事業性評価…………………………………… 144
2．7つの質問で取引先の根幹に切り込む…………………………… 145

（1）商流図……………………………………………………… 145
　（2）主力商品…………………………………………………… 147
　（3）価格推移…………………………………………………… 149
　（4）競合先の状況……………………………………………… 150
　（5）組織図……………………………………………………… 151
　（6）人材の定着率……………………………………………… 152
　（7）経営者の夢………………………………………………… 154
３．取引先以外へのヒアリング…………………………………… 155
　（1）取引先の販売先…………………………………………… 155
　（2）外部機関…………………………………………………… 157
４．事業性評価の実践……………………………………………… 158
　（1）商流図……………………………………………………… 158
　（2）主力商品…………………………………………………… 160
　（3）価格推移…………………………………………………… 161
　（4）競合先の状況……………………………………………… 162
　（5）組織図……………………………………………………… 164
　（6）人材の定着率……………………………………………… 166
　（7）経営者の夢………………………………………………… 167

第5章：圧倒的に支持される金融機関になるために
１．取引先に接する際の心構え…………………………………… 170
　（1）金利は瞬発力、ソリューションは総合力……………… 170
　（2）現存する企業には必ず良いところがあると思え……… 171
　（3）ソリューションの失敗はただ1つ「やらないこと」だけだ…… 172
　（4）素人発想、素人工夫が企業を救う……………………… 174
　（5）過剰営業は、なお及ばざるがごとし…………………… 174

(6) ほったらかしは最大の機会損失………………………………… 176
　(7) 謙虚に、したたかに……………………………………………… 176
2．圧倒的に支持される金融機関になるために………………………… 177
　(1) マーケット縮小の時代へ………………………………………… 177
　(2) ソリューション有償化の是非…………………………………… 179
　(3) 圧倒的に支持される金融機関になるために…………………… 181
　　①経営方針を明らかにする……………………………………… 181
　　②内部の体制を整える…………………………………………… 183
　　③取引先とのリレーションを強化する………………………… 187

第1章

なぜ今ソリューション営業の推進なのか

1．地域金融機関の現状

　地域金融機関の現状とは、金融機関でそれぞれの役割を担う読者の皆さんが感じている課題や悩み、一方で仕事のやりがいなどを全て足し算したものが、金融機関の偽らざる現状なのだと思います。

　とは言うものの、現在金融機関全体に共通する最重要かつ喫緊の取組みをあえて見出そうとすれば、それは「事業性評価の実施」と「コンサルティング機能の発揮」を推進していくための取組みではないでしょうか。

　事業性評価とは「金融機関が担保・保証に過度に依存することなく、取引先企業の事業の内容や成長可能性等を適切に評価すること」です（平成28事務年度 金融行政方針）。

　また、コンサルティング機能の発揮とは「金融機関が顧客企業との日常的・継続的な関係から得られる各種情報を通じて経営の目標や課題を把握・分析した上で、適切な助言などにより顧客企業自身の課題認識を深めつつ、主体的な取組みを促し、同時に、最適なソリューションを提案・実行すること」を言います（中小・地域金融機関向けの総合的な監督指針）。

　本部セクションで営業店に向けて指示を出す司令塔役の担当者も、営業店で中小企業の経営者と直に接している担当者も、この２つのキーワードを初めて聞いたという人はいないでしょうし、今後これらが仕事の主軸を成していくことは間違いありません。読者のみなさんの中には、現在進行形でこの取組みを推進し、試行錯誤している方も多いことでしょう。

　本書では「コンサルティング機能の発揮」においての実践行動であるソリューション営業について具体的かつ多面的に解説していきます。詳細は後述しますが、このソリューション営業をやりやすくするための事業性評価のポイントについても言及します。また、これらの取組みがなぜ今金融

機関に求められているのかという背景、つまり金融行政の変遷、金融機関の経営レベルにおけるビジネスモデルの変化、現場レベルでの再生支援から成長支援への変化についても解説します。

冒頭から小難しい言葉を並べてしまいました。ここからは金融機関が抱えている悩みを浮かび上がらせるために、筆者の取材をもとにしたエピソードを読んでいただきたいと思います。

〈やまぶき銀行企業支援部の憂鬱〉

平成28年4月。やまぶき銀行本店の5階には暖かな陽光が差し込んでいました。今期から新しく設置された「企業支援部」は、審査部の中にあった事業性評価サポート室と営業推進部の中にあったソリューション事業室が統合されて誕生した部署です。新設部署に配属された者特有の希望と不安に満ち溢れた表情で、メンバーたちは部長の言葉に耳を傾けています。

「年初の頭取の訓示にもありましたが、目下のところ当行が行っている事業性評価は表面的な取組みにとどまっており、経営者から課題やニーズのヒアリングができておらず、取引先の強みや弱みに関する把握も不十分です。お客様に評価していただくためには、経営者との対話を重ねることで企業の実態を把握し、その企業の社長になったつもりで、企業のために何ができるかを考えなければなりません。そして現実的かつ具体的なソリューションを提案することで、信頼を獲得していく必要があります」。

一息に喋り終えた部長はここでいったん間をおいて、続けて企業支援部の使命について語りました。

「この度発足した企業支援部のミッションは、営業店の事業性評価の実施をサポートし、取引先に的確なソリューションを提供するまで

を一気通貫で支援することです」。

　企業支援部の面々に、我々は銀行が取り組んでいく最も重要な部署に配属されたんだ、という誇りが芽生えました。

　「初仕事として、まずは営業店の渉外担当者と同行訪問することから始めます。すでに重要な取引先の洗い出しは完了していますので、早速手分けして実態把握にあたりましょう」。

　メンバー全員の「はい！」と言う爽やかな返事の後ろで、課長だけが浮かない顔です。（…ソリューション営業って、要するにビジネスマッチングのことだろ。俺はずっと現場で営業してきたけど、取引先同士のマッチングなんてうまくいった試しがないぞ。そもそも取引先が求めているのは低金利での融資なのに、こんな活動に意味があるのだろうか。なぜ今、ソリューション営業をやらなくちゃいけないんだ…。）

　　　　　　　　＊　　＊　　＊

　翌週から早速、同行訪問の開始です。課長は四路町支店の担当になりました。守田支店長と会話していると、次のようなクレームを受けました。

　「同行訪問もいいけどね、ソリューション営業っていうものは本部がちゃんと体制を整えてくれないと、現場ではツールがないからできないんだよ。ライバル行を見てるとさ、本部が主導して大きな展示会やバイヤー企業との商談会を開催してるでしょ。課長のところでも、そういうのを企画してくれなくちゃ」。

　課長も言われてみれば、確かに営業店単独でソリューション営業を展開するのは難しいだろうなと思い、「部長に伝えておきます」と答えました。

第1章　なぜ今ソリューション営業の推進なのか

　同行訪問は若手の渉外担当者と一緒に、地元でも有名な乳業メーカーに訪問することになりました。この企業は生クリームやバターなどを製造加工する一方で、オリジナルブランドのチーズ生産にも力を入れています。担当者は左手にヒアリングシートを持ち、経営者と会話を始めました。

　「社長、以前に説明しましたとおり、当行は金融庁からの命令で事業性評価というものを実施することになりました。本日はこのヒアリングシートに沿って質問していきますので、順にお答えください」。

　経営者は何か言いたげな表情をしましたが、仕事が忙しいのでしょう、「ええ、分かりました」とだけ返答しました。

　「では、まず主要な仕入先と販売先を教えてください」。

　「仕入先は大手食品流通企業の五菱食品さんです。販売先はレストラン、喫茶店、ベーカリー、病院など多岐にわたります」。

　「分かりました。では次に人材の面でお困りごとはありませんか」。

　「それが、ベテランの営業課長が退職してしまって困っているんです。何とか即戦力を採用したいのですが、どうもいまくいきません」。

　「分かりました。では次に海外展開の状況について教えてください」。

　「えっ、当社は海外には販売していませんよ。乳製品は長持ちする商品ではありませんから、分かっていらっしゃると思っていましたが」。

　「そうですか。では次に事業承継についてうかがいます。後を継がれる方はいますか。また社長はいつ頃リタイアされるご予定ですか」。

　「えっ、今はリタイアなんて考えていません。私には子供がいないので、次の世代へのバトンタッチはこれから考えていきます」。

　「分かりました。では次に…」。

　このような、ほとんど一問一答の会話が30分ほど続きました。課

長は、ヒアリングシートを順に埋めていっているだけの会話だな、と思いましたが黙って聞いていました。
「社長、ありがとうございました。今日伺ったことを基に、企業支援部が最適なソリューションを提案しますので」。
という言葉で面談は終わりました。守田支店長もそうだが、四路町支店は文字どおり本店の指示待ち支店だな、と課長は思いました。
帰店する車中では取引先へのソリューション提案の話になりました。
「取引先は人材の面で課題があるようだったけど、何かアドバイスはできそうかい」。
「営業課長が辞めたことはずいぶん前から知っていました。だけど、銀行では人材に関するソリューションはどうせ提供できないじゃないですか。だから本部にも支店長にも相談していません」。

 * * *

その次の週、今度は池井支店に臨店することになりました。押野支店長と課長は前に同じ店で上司と部下の間柄だったので、気心が知れています。
「久しぶりだな。機嫌よく仕事はやってるか」。
「押野さん、それがいろいろ悩んじゃって。何先か同行訪問しているんですが、渉外担当者が経営者から事業内容をヒアリングできないわ、ソリューションは本部任せだわ、当事者意識がないって言うのかなあ…」。
「安心しろ、うちの店は違うぞ。転んでもただでは起きない猛者ぞろいだ」。
課長は新入行員の頃、押野支店長に営業のイロハを叩き込まれたの

を思い出しました。

　同行訪問は役席の担当者と車椅子のメーカーに行くことになりました。この企業はもともと自転車用のブレーキを製造していましたが、経営者が車椅子にその技術を応用したところ、安全性が高まったという評価が得られ、今では業界のリーディングカンパニーに成長しています。

　「社長、今日は本部のスタッフも連れて参りました。当行は御社とさらに取引を深めたいと思っております。次の設備資金は是非とも当行をご利用ください！」。

　「お気持ちは嬉しいけれど、メインバンクさんからも提案をいただいていてね」。

　「そうだろうとは思いました。そこで我々は社長が驚くような低金利の融資商品をお持ちしました。こちらがその条件です」。

　「…確かに他行よりも低い金利だけど御行とはまだ取引が浅いし、我が社の事業内容もよく理解していただいた上で取引を進めたいと思っているんだけどね」。

　「融資させていただけたら、自然と仲も深まるはずです。社長、それに私、社長の応諾が得られませんと店に帰ることができません。実は今月の営業店の目標額が御社の案件にかかっているのです。何とかお願いします！」。

　「そんなことを言われても困るよ…」。

　「何とかひとつお願いします！」。

　その場は課長が間に入って、「後日再訪問しますからご検討を…」ということにして帰店しました。イケイケドンドンの池井支店の様子を見て、そう言えば自分も営業店にいた頃は、低金利の商品を引っ提げて土下座をせんばかりの営業をしていたな、と思い出しました。

* * *

　その翌月は部長からの指示で、やまぶき銀行のマッチング掲示板「ツナーグ」の検証業務に従事することになりました。ツナーグはやまぶき銀行の本支店を結ぶイントラネットシステムです。ここに「売りたい情報」と「買いたい情報」を投稿することで、効率的なビジネスマッチングが可能になるという触れ込みで導入されました。
　しかし、初めの頃は営業店も積極的に情報を投稿しましたが、今ではほとんど稼働していません。掲載されている情報は宅建業者の不動産に関するものばかりで、たまに新規の投稿があったなと思うと、自社の商品を買ってほしいという内容です。このような状態ですから、忙しい渉外担当者は掲示板のチェックさえしませんし、ひょっとすると新入行員はその存在すら知らないかもしれません。
　課長はざっと掲示板の情報を見て、「売りたい情報」に比べて「買いたい情報」が圧倒的に少ないことが稼働しない原因だろうな、と思いました。そして同行訪問の時のことを思い浮かべ、最近の担当者は経営者から「買いたい情報」をヒアリングしてくる能力が落ちているからな、と独りでつぶやきました。

* * *

　最近の課長は、事業性評価を行った取引先数をカウントする業務にあたっています。しかし、やまぶき銀行の取引先数は2万社近くあり、そのほとんどについて従来から信用判定による企業格付けを実施しています。課長には従来の信用判定と今回の事業性評価の境目の区別が

つかず、どこからカウントしていいのかが分かりません。

　とりあえず何らかの基準を設ける必要があるなと思い、自分なりに、①直近1年間で作成されたものであること、②取引先の商流が把握されているもの、③経営課題の抽出ができているもの、を事業性評価ができているものと見なして仕分けていくことにしました。

　正直なところ、金融庁が事業性評価シートのひな型を作成して各金融機関に使用を義務付けてくれたら、こんな悩みはなくなるのにな、と思いました。

＊　＊　＊

　そんなこんなで忙しくしているうちに、あっという間に9月になりました。企業支援部に差し込む陽光は、夏から秋のものに変わろうとしています。

　その日、課長は営業店からの電話で「2カ月も前にビジネスマッチングの依頼をしたのに、未だに何の動きもないのはどういうことだ！」と詰められていました。確かに7月頃に、「地元特産のお茶を練り込んだ食パンを開発した取引先があるから販売先を見つけてほしい」との依頼が寄せられていました。もちろん、企業支援部としても様々な工作を行ったのですが、最適なマッチング先を見つけられずにいました。電話で嫌味を言われながら課長は、営業店は本部に丸投げできるからいいよな、と思っていました。

　その時です。部長からメンバー全員に召集がかかりました。課長も見ていたパソコンをそのままにして、部長席に行きました。

　「みんな、金融庁から『金融仲介機能のベンチマーク』が発表されたぞ。金融機関が自主的に創意工夫して、企業の価値向上に役立つ動

きをしているかを自己評価するためのものだ。評価結果は開示することになるから、我々もより一層の支援と実績の収集が必要になる」。

ベンチマークに関する資料がその場で配布されました。全ての金融機関が評価の対象とする5個の「共通ベンチマーク」と、自行庫の事業戦略やビジネスモデルによって選択する50個の「選択ベンチマーク」が掲載されており、さらに金融機関が独自の指標を設けることも歓迎すると記載されています。

課長は金融機関も自分で考え行動する時代が来たな、と強く感じました。

＊　＊　＊

いかがでしたか。共感できるところもあれば、営業店の渉外担当者は「知らなかったけど、本部も大変なんだな」と思われたかもしれませんね。

このエピソードで浮かび上がってきたのは、まず「なぜ今、ソリューション営業をしなければならないのか」という大前提となる疑問です。これについては金融行政の変遷というアプローチと、中小企業が抱える経営課題というアプローチから解明します。

また「なぜ金融機関のビジネスマッチングはうまくいかないのか」、「なぜ金利競争に陥るのか」といった疑問、さらには「ソリューション営業は本部が体制を整えないと、現場では展開できない」などの思い込みについても、検証を加えたいと思います。

2．金融行政の変遷

(1) 金融行政の年表

　なぜ今、金融機関の渉外担当者がソリューション営業を実践していくべきなのか、について金融行政の変遷から考察してみたいと思います。金融機関は監督官庁である金融庁から免許を得て営業しています。金融業界の変遷は、すなわち金融行政の変遷です。下記に地域金融機関に関する金融行政の動きを年表にまとめてみました。

【金融行政に関する年表（平成11年から平成28年）】

平成11年7月	「預金等受入金融機関に係る検査マニュアル」策定
平成14年10月	金融再生プログラムの策定
平成15年3月	「リレーションシップバンキングの機能強化に関するアクションプログラム」策定
平成15年6月	事務ガイドラインの改正（コンサルティング業務等の取引先への支援業務が付随業務に該当することを明確化）
平成16年5月	「中小・地域金融機関向けの総合的な監督指針」策定
平成17年3月	「地域密着型金融の機能強化に関するアクションプログラム」策定
平成19年4月	「地域密着型金融の取組みについての評価と今後の対応について」報告発表
平成19年8月	「中小・地域金融機関向けの総合的な監督指針」一部改正（時限プログラムから恒久的な枠組みへ昇華）
平成20年9月	リーマンショック発生
平成21年11月	金融円滑化法 成立（当初、平成23年3月までの時限立法）
平成22年8月	平成22事務年度　監督局「監督方針」、検査局「検査基本方針」発表

平成23年3月	東日本大震災発生
平成23年3月	金融円滑化法が2012年3月まで延長決定（第一次延長）
平成23年4月	金融円滑化法に基づく金融監督に関する指針を策定（経営再建のためのコンサルティング機能の発揮）
平成23年5月	「中小・地域金融機関向けの総合的な監督指針」一部改正（地域密着型金融をビジネスモデルとして確立）
平成23年8月	平成23事務年度　監督局「監督方針」、検査局「検査基本方針」発表
平成24年3月	金融円滑化法が2013年3月まで延長検定（第二次延長）
平成24年9月	平成24事務年度　監督局「監督方針」、検査局「検査基本方針」発表
平成25年3月	金融円滑化法　終了
平成25年4月	「監督方針」「検査基本方針」一部改正（新規融資の掘り起こしを促進する）
平成25年9月	平成25事務年度　監督局「監督方針」、監督局及び検査局「金融モニタリング基本方針」発表（検査基本方針は廃止）
平成26年6月	閣議決定された「日本再興戦略 改訂2014」の日本産業振興プランの中に、「地域金融機関等による事業性を評価する融資の促進等」として事業性評価登場
平成26年9月	平成26事務年度「金融モニタリング基本方針」発表（監督方針と金融モニタリング基本方針を統合、重点施策として事業性評価登場）
平成27年7月	森信親氏が金融庁長官に就任
平成27年9月	平成27事務年度「金融行政方針」発表（金融モニタリング基本方針から金融行政方針に名称変更）
平成27年11月	地域金融企画室の設置、日下智晴氏が室長に就任
平成28年5月	企業ヒアリング・アンケート調査の結果について公表
平成28年9月	「平成27事務年度金融レポート」の発表
平成28年9月	金融仲介機能のベンチマークの公表
平成28年10月	「平成28事務年度金融行政方針」発表

(2) 金融行政の変遷

　ここからは事業性評価とコンサルティング機能の発揮がいかにして行政内容に盛り込まれたのかを主軸に、時系列で金融行政の変遷を見ていきたいと思います。その際、頭の片隅に置いておいてほしいのが「なぜ我々金融機関の渉外担当者がソリューション営業を行わなければならないのか」という問いです。

①不良債権処理からリレバンへ

　バブル崩壊後の平成9年から11年は金融機関の破綻が相次いだ年です。平成9年に北海道拓殖銀行が、10年に日本長期信用銀行（現在の新生銀行）と日本債券信用銀行（現在のあおぞら銀行）が、11年には地方銀行の東京相和銀行やなみはや銀行などが破綻しました。

　これに危機感を募らせた金融庁（当時は金融監督庁）は、金融機関の不良債権をあぶり出すために「預金等受入金融機関に係る検査マニュアル」という実地検査の手引書を策定しました。これが通称「金融検査マニュアル」です。不良債権を洗い出されると、金融機関はその分の貸倒引当金を積まねばなりませんから自己資本を毀損することになってしまいます。

　金融機関は検査官と検査マニュアルを恐れました。作家の池井戸潤氏の作品、半沢直樹シリーズでの銀行員と検査官の丁々発止のやり取りをご存知の方も多いでしょう。

　平成14年には当時の竹中平蔵大臣が金融機関の再生を目的とする「金融再生プログラム」を発表しましたが、特に中小・地域金融機関（地方銀行、第二地方銀行、信用金庫、信用組合）には、平成15年に策定された「リレーションシップバンキングの機能強化に関するアクションプログラム」の中で、リレーションシップバンキング（リレバン）という経営が求められま

リレバン・地域密着型金融・事業性評価は同じ理念

した。リレバンは「長期継続する関係の中から、借り手企業の経営者の資質や事業の将来性等についての情報を得て、融資を実行するビジネスモデル」だとアクションプログラムで定義されています。

おや、ちょっと待ってください。このリレバンの考え方は事業性評価と非常によく似ていませんか。どちらも中小企業の事業内容を把握し将来性や成長性を評価する、という趣旨のことが謳われています。

実は金融行政が求めてきたリレーションシップバンキング、地域密着型金融、事業性評価は、言葉を変えながら同じ理念を繰り返し述べているのです。それくらいに中小企業の事業内容を適切に評価することが重要だと言えますし、裏を返せば金融機関はともすると財務面や担保面だけでの企業評価に陥りがちだという警鐘でもあるように感じられます。なお、このアクションプログラムは平成17年にさらにブラッシュアップされ、地域密着型金融を推進するものとして再度策定されています。

②コンサルティングが「業務」に

さて、平成15年のアクションプログラムには、もう1つ大切なことが書

かれています。それがコンサルティング業務の取扱いについてです。「中小企業に対するコンサルティング機能、情報提供機能の強化を図るため、各金融機関及び各業界団体に対し、経営情報やビジネスマッチング情報を提供する仕組みの整備を要請する」と明記されており、これを受けて、後に金融機関が実施するコンサルティングが業務として認められました。

　読者の皆さんの中には、コンサルティング機能の発揮という活動が最近になって急に降って湧いたと思われているかもしれませんが、実は10年以上も前から金融行政上は重点項目として取り上げられ続けているのです。

　その後、日本経済は平成20年にリーマンショックを経験し、金融円滑化法の施行などで中小企業の金融対策を講じてきました。その間も地域金融機関が取るべきモデルとして地域密着型金融が重要視され、それを実現する方法としてコンサルティング機能の発揮が要請され続けてきました。

③取引先の「成長支援」への転換

　潮目が変わったのが平成25年3月の金融円滑化法の終了と、それに続く「監督方針」と「検査基本方針」の改正ではないかと思います。今まで長いデフレーションに悩まされてきた日本経済に復活の兆しが見えたのがこの頃です。改正文には、はっきりと「日本経済がデフレから脱却し、力強い成長を実現していくため、金融機関は顧客企業と向き合い、顧客企業の経営改善や事業再生に向けた支援のみならず、適切にリスクを管理しつつ、新規融資を含む積極的な資金供給を行い、顧客企業の育成・成長を強力に後押しするという金融機関が本来果たすべき役割を一層促していくことが求められている」と書かれ、そのための具体的な取組みとして「顧客企業のライフステージに応じたコンサルティング機能の発揮（販路開拓支援・海外進出支援等）を新規融資に結びつける」と指摘されています。

　ポイントは、「取引先企業の成長発展のためにコンサルティング機能を

ソリューション営業は再生支援から成長支援へ転換

発揮せよ」、と書かれている点です。と言いますのも、初めてコンサルティング機能の発揮が登場した際には、求められているのが経営再建や事業再生に関するものだけでした。バブル崩壊後のデフレ真っ只中ですから無理もありません。

しかし、ここに来てようやく「再生支援」から「成長支援」への転換がなされたのです。したがって、コンサルティング機能の実践行動であるソリューション営業においても、取引先の発展に関する提案が主となったのです。このことは渉外担当者にとって朗報です。誰だって後ろ向きのサポートよりも、前向きのサポートのほうが楽しいに決まっています。今現在、営業の第一線にいる渉外担当者の皆さんは極めてラッキーな立場にいると、筆者は思います。

④「事業性評価」と「金融仲介機能のベンチマーク」がキーワードに

平成26年には、閣議決定された日本再興戦略の日本産業振興プランの中に、「地域金融機関等による事業性を評価する融資の促進等」という項目が掲げられ、事業性評価は国家戦略の1つとして位置づけられました。渉外担当者の皆さんは、事業性評価を実施することを通して国益に資する活動をしているのです。

その後も金融庁監督局の「監督方針」と検査局の「検査基本方針」が統合して生まれた「金融モニタリング基本方針」の中において事業性評価は重点施策に挙げられ、以降の「金融行政方針」の中でも地域金融機関が取り組む重要業務として事業性評価は打ち出され続けています。

また平成27年には新たに地域金融企画室が設置され、地域金融行政の司令塔としての役割を担うことになりました。そして発表されたのが「金融仲介機能のベンチマーク」です。これにより金融機関は、自行庫の経営理念や事業戦略に掲げている金融仲介の質を一層高めていくために、自身の取組みの進捗状況や課題等について客観的に自己評価することになったのです。

⑤金融検査マニュアル「刷新」

平成29年には金融検査マニュアルを抜本的に見直す方針が発表されました。マニュアルが策定された当時は不良債権問題が日本の金融システムを揺るがしていた時代ですので、細かい資産査定や管理体制の整備に検査の重点が置かれていました。しかし、現在は不良債権処理の成果も表れ、むしろ人口減少やマイナス金利政策による利鞘の縮小などの事態にどう立ち向かっていくかが課題になっています。

今後は地域社会と共生しながら、これらの課題に解決策を打ち出せているのかが点検されることになるでしょう。このことからも地域金融機関の存在が大きな転換期を迎えていることがわかります。

以上が大まかな地域金融機関に対する金融行政の変遷です。繰り返しになりますが、事業性評価は「リレーションシップバンキング」、「地域密着型金融」、細かくは「目利き力」、「定性分析」などと表現を変えながら10年以上も前から地域金融機関が担う役割として掲げられてきました。

またコンサルティング機能の発揮は、登場した当時の経済情勢が不安定だったことから、主に再生支援を具体的な取組み内容とされてきましたが、デフレ脱却と歩調を合わせるように現在では成長支援を主な役割としています。
　それでは、ここで質問です。「なぜ我々金融機関の渉外担当者はソリューション営業をやっていくべきなのでしょうか」。
　「監督官庁である金融庁からの要請だから」、「バブル崩壊後からずっと掲げられてきた重要な施策だから」、「取引先の事業を把握してコンサルティング機能を発揮することは国家戦略の１つだから」…。
　様々な答えが出てきそうですが、すべて間違っています。想像してみてください。もしも金融庁が事業性評価やコンサルティング機能を発揮してね、と金融機関に言わなかったとしたら、金融機関はソリューションの提供を行わなくていいのですか。読者の皆さんは監督官庁からの命令だからソリューション営業をしているのですか。
　違うはずです。より深く理由を探求するために、第３節では中小企業の経営課題について見ていきましょう。

3．多種多様な中小企業の経営課題

（１）中小企業の経営課題

①「資金繰り」は６番目の経営課題
　中小企業の抱える経営課題は実に多種多様です。渉外担当者の皆さんは、経営者の悩みは資金調達のことだけだと思われているかもしれませんが、決してそのようなことはありません。2016年版の「中小企業白書」を見てみると、そのことがよく分かるアンケート調査があります。

第1章　なぜ今ソリューション営業の推進なのか

図表1-1　成長のための経営課題

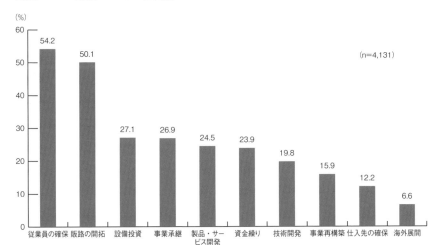

資料：中小企業庁委託「中小企業の資金調達に関する調査」（2015年12月、みずほ総合研究所（株））
（注）複数回答のため、合計は必ずしも100％にはならない。

出所：中小企業白書（2016年版）

　図表1-1は中小企業が成長するために克服すべき経営課題についてヒアリングを行ったもので、回答の多かったものから順に左から並べています。

　第1位は「従業員の確保」で実に54.2％の経営者が人材難を課題に挙げています。渉外担当者の皆さんは取引先の経営者と、人材の確保に関する話をしたことがありますか。

　第2位は「販路の開拓」で、これも半数以上の経営者が成長するための課題であると認識しています。ビジネスマッチングを推進してきた金融機関の担当者であれば、納得のいく結果かもしれませんね。

　さらに「事業承継」も切実な課題のようです。経営者の高齢化が進んでおり、いかにしてスムーズに次世代へバトンパスをするか頭を悩ませている経営者が多いことが分かります。

29

また「製品・サービス開発」に関する課題も上位に顔を出しています。渉外担当者ならば経営者から新製品の苦労話を聞いた経験があると思いますが、生みの苦しみがこのグラフにも表れているように思います。

　さて、読者の皆さんはこのグラフを見てどのような感想をお持ちになりましたか。筆者は初めてこのグラフを見たときに愕然としました。なぜならば、これだけ多くの課題が中小企業にあるにもかかわらず、従来の金融機関の仕事、つまりお金を預かってお金を貸すという業務では、第6位の「資金繰り」に関する課題にしか対処できないからです。経営者の多くが人材確保や販路開拓に悩みを抱えている中で、「金融機関の仕事はご融資することですので」と言っていては経営者から頼りにされる訳がありません。

②取引先のニーズに応えるにはソリューション営業は外せない

　ここで再び質問します。「なぜ我々金融機関の渉外担当者はソリューション営業をやっていくべきなのでしょうか」。

　もう既にお分かりのとおり、答えは「中小企業の経営者たちが求めているから」です。渉外担当者がソリューション営業をやっていく理由はただ1つ、目の前にいる社長さんたちが経営課題を解決できるソリューション

の提供を望んでいるからです。

　間違っても「金融庁からのお達しがあったから」などと考えてはいけません。読者の皆さんは国や金融庁のほうを向いて仕事をするのですか、それとも中小企業の経営者のほうを向いて仕事をするのですか。

　もちろん金融庁の政策は中小企業の声を反映したものですから、経営者のために活動するという点で同じ結論にはなりますが、指示されたからやるという、やらされ仕事では面白くありません。取引先にもっとも近い位置にいるのは渉外担当者なのですから、堂々と胸を張って経営者の役に立つためにやっているという自負を持ちたいものです。

　冒頭で事業性評価やコンサルティング機能の発揮が、皆さんの仕事の主軸になっていくでしょうと筆者は述べましたが、今後、取引先へのソリューションの提供が金融機関の本業になっていくことは絶対に間違いありません。逆に言いますと、ソリューションの提供をできない金融機関は経営者から選ばれず、淘汰されていくでしょう。

③ソリューション提供に向けた発想力・企画力が問われる時代に

　ちなみに、各金融機関がどれくらいソリューションの提供に力を入れているかを簡単に知る方法があります。それは新卒採用のホームページを見ることです。例えば北海道のＡ銀行のサイトを見ますと、かなりのページを割いて「多彩なコンサルティング機能」について紹介しています。当然ここには「入行してくる皆さんにも同じ仕事をやってもらいますよ」というメッセージが込められているでしょう。また山梨県のＢ銀行のサイトには渉外の仕事として「訪問活動を通じて、お客さまのニーズ・課題に合わせた解決策やアドバイスの提供を行う」ことが書かれています。

　筆者の私見ですが、昔は金融機関が求める人物像として高いコミュニケーション能力や強い責任感などが真っ先に挙げられてきましたが、これか

らの時代は取引先にソリューションを提供するための発想力や企画力が重視されるようになるのではないでしょうか。もしかすると、皆さんの後輩にそういった人材がたくさん入行・入庫してくるかもしれませんよ。

(2) 金融機関の取組み状況

渉外担当者がソリューション提供していくのは、ひとえに取引先のためだということをご理解いただけたと思いますが、では金融機関として現状どのような取組みがなされているのでしょうか。本部が主導する取組みと、営業店が展開している取組みに分けて見ていきましょう。

①本部が主導する取組み

まず企業の創業段階におけるソリューションですが、情報提供と相談対応が主なものになっています。先輩創業者を講師に招いて実体験を語ってもらうセミナーや、スクール形式で複数回にわたり創業への心構え、各種手続きなどを学んでもらう機会の提供が多いようです。また、自治体が主催する創業相談会などへ本部職員を派遣して、相談を受け付ける取組みもなされています。東京都のC信用金庫は地元の自治体と連携し、定期的に交流会や無料相談会を実施したり、事業計画書作成のサポートをするなど手厚い支援をしています。

次に企業の成長段階におけるソリューションですが、やはりビジネスマッチングが取組みの中心になっています。図表1-2は金融機関が行っているビジネスマッチングをロジックツリーで表したものです。

マッチングはまず対象の数によって集合方式と提携方式に大別できます。もっともイメージしやすいのが集合方式の中にある展示会でしょう。取引先に出展していただき、来場者との商談の場を提供するものです。企業間での成約を目的とするBtoB形式のものと、展示即売など一般消費者との

第1章　なぜ今ソリューション営業の推進なのか

図表1-2　ビジネスマッチングのロジックツリー

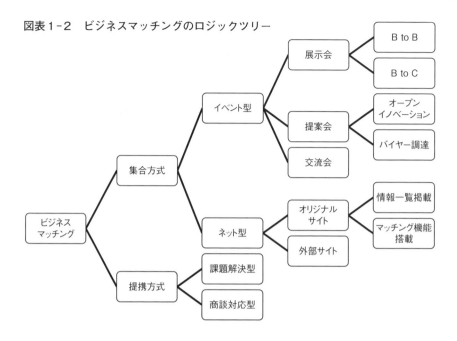

成約を目的とするBtoC形式のものに分けられます。

　提案会も最近金融機関が積極的に取り組んでいる方法です。あらかじめ金融機関が調達企業を用意して、取引先に詳細な調達情報を開示することで行います。オープンイノベーションは主に大手技術系メーカーや研究開発型企業が調達先となって行われ、技術提携や共同開発パートナーのマッチングを生み出します。一方、百貨店や量販店などのバイヤーが食品や日用雑貨など仕入れたい商材を開示して実施する、消費財の提案会もあります。

　また、根強く取り組まれているのがインターネットを駆使したビジネスマッチングサイトです。最近は自行庫でオリジナルサイトを運営する金融機関も多くなってきましたが、よっぽどうまく運営しないことには、なかなか効率的にマッチングを進めることができません。サイト自体が有名無実化してしまい、掲載されているのは金融機関からの情報だけという状況

になるケースも散見されます。余談ですが、以前は全銀協も「全銀ｅビジネスマーケット」なるものを運営していましたが、ひっそりと廃止されました。

　ビジネスマッチングには提携方式というやり方もあります。これは金融機関と企業、団体などが業務提携をすることで取引先にマッチングの機会を提供するものです。課題解決型というのは、大学や公設試験研究機関などと提携しておき、取引先から技術開発などの相談がもたらされた際に彼らの力を活用する方法です。

　商談対応型というのは、あらかじめ大手流通企業や小売企業と提携しておき、取引先から商品の販路開拓ニーズが出てきたときに、いつでも商談に応じてくれるよう環境を整えておく方法のことです。

　このように一口にビジネスマッチングと言っても、様々な目的、方法があることが分かります。

　さて、最後に企業の事業承継段階におけるソリューションについてです。多くの場合、本部には専担部署が設けられ、営業店から上がってきた案件に対処するというスタンスが取られています。事業承継やＭ＆Ａに関するアドバイスは専門的な知識やノウハウを必要とするため、ニーズをキャッチアップしたらすぐに本部へ「トスアップ」する体制が取られているのです。本部では職員だけではなく、提携している弁護士や税理士とともに案件にあたるケースが多いようです。

②営業店が展開する取組み

　一方、営業店で行われているソリューションはどうでしょうか。筆者はロジックツリーを作ることができませんでした。さぼった訳ではありません。作れるほどの体系だった活動がなかったのです。

　率直に申し上げて営業店でのソリューションは、そのほとんどが本部の

第1章　なぜ今ソリューション営業の推進なのか

取引先に一番近い位置にいる渉外担当者がソリューションを提供するのが一番効果的

受け売りです。「本部が商談会を企画しましたので参加しませんか」、「本部が助成金の情報をまとめましたので持参しました」、「本部が工業大学と提携しましたので産学連携のお手伝いができます」。前述のエピソードそのままに、ソリューション営業は本部がツールを与えてくれるものという思い込みが営業店には蔓延しているように思います。

　厳しい言い方ですが、これは甘えです。課題を聞いてくるのは営業店の仕事、解決するのは本部の仕事などと思っていたら大間違いです。取引先に一番近い位置にいる渉外担当者が独自にソリューションを提供すればいいのです。それがもっともスピーディーで経営者から信頼を勝ち取れるやり方です。

　もしも一人でソリューションを思い付かないのならば、営業店の全員でアイデアを出し合えばいいのです。「この方法はどうか」、「こういった情報もありますよ」などと若手にもどんどん発言を促し、支店長や先輩からも助言をもらいます。

　医療の世界に「カンファレンス」という取組みがあるのをご存知でしょうか。これは患者にどのような治療を施すのが適当かを検討する場のことです。中小企業の医者である金融機関の職員も同じように、ソリューションの検討会を開けばいいのです。

筆者は「本部を頼ってはいけません」などと言いたいのではありません。本部が主導するソリューションも1つのツールとして活用すればよいと思います。しかし、ツバメの雛のように口を開けて待っているのではなく、担当者自らが飛び立ってソリューションを提供できれば、これに越したことはありません。第3章では営業店で展開できる具体的なソリューションの例を紹介しますので、ぜひ営業店主導でのソリューション営業を実践してください。

第2章

求められる本業ソリューション

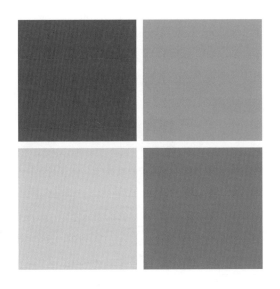

1. 地域金融機関に期待される役割

(1) 事業性評価とソリューション営業の位置づけ

①ソリューション営業のための事業性評価

　第1章で事業性評価とソリューション営業を別個に説明してきましたが、この2つの位置づけについても理解しておきましょう。

　当然のことながら、この2つは切れ目のないひと続きのものです。取引先の事業性評価を終えて「よかった、よかった」と安心していては何の意味もありませんし、取引先の課題を知ることなく行き当たりばったりのソリューションを提案していても意味がありません。両方とも成し遂げてこそ、取引先の経営者から信頼を得られるのです。

　では、この2つの活動をどういう順番で進めていけばいいでしょうか。何を今さら聞いているんだと思われるかもしれませんね。もちろん、まず事業性評価をして課題を抽出し、その上で的確なソリューションを提供していくという順序になります。

ソリューション営業につなげられる事業性評価こそ、良い事業性評価

しかし、ここでポイントとなるのが、考え方としては逆だということです。つまり、ソリューション営業をするために事業性評価をやるんだ、と考えます。別の言い方をしますと、ソリューション営業につなげられる事業性評価こそ良い事業性評価だということです。
　読者の皆さんの中には、ひょっとすると「そんな評価のやり方はインチキだ」と思われた方がいるかもしれません。
　しかし、この考え方が正しいと断言できる明確な根拠が２つあります。

②課題解決策こそ中小企業の経営者が求めるもの
　１つ目は、完璧な事業性評価を望んでいる取引先はどこにもいない、ということです。地域金融機関の中には、自行庫で行った事業性評価の結果を経営者に開示して、課題認識を共有しているところがあります。この活動自体は本当に素晴らしいと思います。しかし、取引先が本当に望んでいるのは自社を完璧に評価した結果ではなく、その結果に対してどのようなソリューションが提供されるかです。もしも、経営者と担当者が額を突き合わせて「当行のSWOT分析と３Ｃ分析により、御社が対処すべき喫緊の経営課題をこのように洗い出しました」「なるほど、さすがは〇〇銀行さん。で、この解決策は？」「うーん」などと話し合っているとしたら、残念ながらそれは事業性評価をやったというだけの自己満足に過ぎません。
　２つ目の理由は、経営課題のない中小企業はない、ということです。自社をより良く発展させたいと経営者が願っている限り、どのような些細なことでも経営課題は必ずあります。利益が出ていないとすれば販路開拓やコスト削減の課題を持っているでしょうし、うまく軌道に乗っている企業も人材の育成や福利厚生の充実に課題を感じているかもしれません。一見すると悩みがなさそうな企業であっても、経営者の立場になってみれば様々な課題が目に付くものです。

もしも担当者が事業性評価をした結果「この企業はピカピカの優良企業で、経営課題は見当たらない」という評価を下したとしたら、経営者とのコミュニケーション不足と言わざるを得ません。どうしても経営課題が見つからないと言うのならば、現状をこれからも維持していくことがその企業の経営課題です。

　さて、以上のように、中小企業には必ず経営課題があり、取引先は完璧な事業性評価よりも、その先にあるソリューションの提供を求めていることを理解いただければ、先ほど筆者が述べた「ソリューション営業をするために事業性評価をするのだ」という意味もお分かりいただけると思います。

（２）地域金融機関だからこそできる役割

①渉外担当者は「ハブ」の役割を

　非常に残念なデータがここにあります。2014年度版の中小企業白書「中小企業・小規模事業者が担う我が国の未来」で調査されたアンケート結果です。白書によれば日本の中小企業のうちの約９割が小規模事業者（製造業その他の業種で従業員20人以下、商業・サービス業で従業員５人以下）にあたるそうですが、彼らに「経営課題ごとの相談相手」についてヒアリングしたのが図表２-１です。

　これを見ますと、資金調達については圧倒的にメインバンクを相談相手としていますが、他の販路開拓や商品開発など様々な経営課題に関してはほとんど頼りにされていないことが分かります。メイン以外の金融機関に対してはさらに厳しい数字が並んでおり、残念ながら金融機関が経営者の良き相談相手になれていないことが見て取れます（図表中、金融機関でアミがかかっている部分は資金調達を含めても３つしかありません）。

　こうなってしまった理由は１つではないのでしょうが、前述した地域金

第2章 求められる本業ソリューション

図表2-1 小規模事業者の経営課題ごとの相談相手（複数回答）

相談相手	経営課題	営業・販路開拓 (n=667)	商品開発 (n=544)	技術開発 (n=543)	生産 (n=481)	人材・経営 (n=645)	資金調達 (n=663)
支援機関	商工会・商工会議所	9.1	3.5	1.5	1.0	9.6	7.5
	国	3.9	3.5	3.7	1.5	4.0	3.5
	（独）中小企業基盤整備機構	4.5	4.4	3.7	0.8	3.3	3.9
	都道府県	5.8	4.8	4.4	1.0	3.1	3.0
	市区町村	3.9	2.2	1.3	1.0	2.5	3.0
専門家	税理士・会計士	7.3	2.0	0.7	2.5	33.3	31.1
	メインバンク	9.4	2.0	0.7	0.8	6.5	61.8
	その他金融機関	2.7	1.3	0.0	0.6	2.3	29.1
	経営コンサルタント	8.2	3.9	2.6	2.5	8.5	3.6
	中小企業診断士	2.1	0.7	0.9	0.6	4.0	1.4
経営者	同業種の経営者	24.6	15.6	19.2	15.0	16.9	3.2
	異業種の経営者	18.7	13.2	9.2	6.4	14.4	3.0
親しい人間／身内	知人	14.8	6.8	5.3	5.0	9.5	2.4
	家族・親族（利害関係者）	8.4	5.1	3.5	4.8	11.5	7.7
	家族・親族（非利害関係者）	5.1	2.6	1.7	1.5	6.7	2.4
利害関係者	出資者・株主	7.6	4.0	4.6	4.8	8.8	7.7
	保証人	2.2	0.6	0.7	1.2	2.9	3.6
	取引先	28.6	26.7	22.3	18.3	8.8	3.0
特に誰にも相談しない		16.3	24.6	26.2	30.4	16.4	14.9

資料：中小企業庁委託「平成25年度小規模事業者の経営実態に関する調査」（2013年10月、（株）帝国データバンク）
(注) 1．経営課題ごとに上位5位までのセルを ■■、6位から10位までのセルを ■■ で表示している。
　　2．「経営陣」及び「従業員」については、一般的に経営相談を行う相手であるため、表示していない。
　　3．「その他」については、表示していない。

出所：中小企業白書（2014年版）

融機関の歴史から考察すると、やはり目先の資金対応にのみ傾注して、中小企業が真に望んでいるはずの本業支援をおろそかにしてきたからだと言わざるを得ません。

　では、どうすれば金融機関は経営者に選ばれる相談相手となれるのでしょうか。

　1つの方向性として考えられるのが、渉外担当者があらゆる支援メニューのハブになるという方法です。ハブとは自転車などの車輪の中心部にあって、車輪の外周と車軸をつなぐスポークが集中する部分のことです。ハブ空港という言葉を聞いたことがあるかもしれませんが、多くの航空便が一カ所に集中するという意味で用いられています。

　金融機関の渉外担当者も同じように、ありとあらゆる支援情報、支援メニューが集まるハブとなればよいのです。具体的には、税理士や中小企業

診断士など専門家とのネットワークを構築するのはもちろん、国や自治体が設置している公的支援機関とも連携を密にして、取引先に提供できるメニューを常に蓄えておくのです。自行庫だけでできること、自分一人でできることは限られていても、いつでも活用できる支援事業、すぐに相談できる専門家を抱えておくことで支援力は５倍にも10倍にもなります。

②担当者個人として「ブレーン」を獲得する

　ポイントは組織レベルでの関係構築ではなくて、担当者レベルで関係性を築いてしまうことです。多くの金融機関で大学や公的機関と連携協定を結ぶ、専門家と顧問契約を結ぶということをしていますが、実際に渉外担当者がその連携を現場に活かせるかと言うと、なかなかハードルが高いと思います。

　であれば、現場レベルで仲良しの知り合いを作ってしまうのが早道です。例えば中小企業基盤整備機構の海外展開担当者には何でも聞ける、発明協会の弁理士の先生と親しくなっておく、鉄鋼組合の理事には業界のことを何でも教えてもらえる、といった具合です。そうすれば自分では力不足だなと思う課題に対しても、スピーディーに対応していくことができるでしょう。

　余談ですが、筆者が同行訪問をしていて「この担当者は仕事ができるな」と感じる人には３人のブレーンが付いているケースがあります。その３人とは、税理士、不動産業者、経営指導員です。

　まず税理士ですが、会計や税制で分からないことがあった際に、ちょっと尋ねられる存在です。親しくなれば新規先を紹介してくれる場合もあります。接点を作る方法としては自分が担当している優良先の経営者に顧問税理士の紹介依頼をすればよいでしょう。

　不動産業者も街の情報を取得するのに適した存在です。新しくマンショ

ンが建設される、駅前の再開発が進むといった情報は渉外活動にプラスになります。自分の取引先の中に不動産業があるという人も多いでしょうから、改めて親しい関係を作っておくとよいでしょう。

経営指導員は商工会議所などに所属している専門家です。中小企業診断士の有資格者であることが多く、地元の企業情報を豊富に持っています。情報交換できる間柄になれば、指導員から融資案件を獲得できることもあるでしょう。

このように何人かのブレーンを確保しておくことは、取引先へのソリューション提供に非常に役立ちます。営業店と取引先を行ったり来たりするだけでなく、渉外担当者は意識的に公的機関や業界団体などを訪問するように心がけるとよいでしょう。

地域金融機関に期待される役割は、渉外担当者の一人ひとりが支援メニューのハブとなり、地域を構成するメンバー同士や有益な情報を有機的に結びつけていくことなのです。そうすれば、中小企業の経営者からも信頼され自然と相談を寄せられるようになるでしょう。

2．金融業界にはびこる3つの「誤解」をひも解く

　第1章のエピソードで金融機関が現在抱えているであろう課題を浮き彫りにしました。と言うとカッコイイですが、何のことはない、いわゆる金融業界の「あるある」に触れてみたわけです。しかし、この「よくある話だよね」という感覚は、いつの間にか「仕方ないよね」という諦めに変わり、今では動かしがたい固定観念として金融業界にはびこっているように思えてなりません。

　本節では金融業界に巣食う「誤解」を解き明かします。今まで読者の皆さんが当たり前のことだと思って諦めていたことが、根底から覆ると思います。考え方と行動を変えれば、ソリューション営業はグンとやりやすくなるはずです。

（1）【誤解1】金利競争に陥るのは他行庫のせいだ

①金利競争に巻き込まれるのは担当者のせい

　「○○銀行さんは、もっと低い金利で提案してくれてるけどねぇ」。渉外担当者なら誰もが一度は経験した言葉でしょう。経営者と膝を突き合わせて話ができるというのが渉外の醍醐味ではありますが、「御行も金利をもっと頑張ってよ」と言われた瞬間、他行庫とのボクシングの試合が始まります。どちらが低い金利を出すか、出されたらもっと低く出す、相手も負けじと…まさに殴り合いです。金利競争に勝利しリングに残れたとしても体はボロボロです。

　平成28年2月に日本銀行がマイナス金利政策を実行に移し、巷では「もともと市場金利は低水準なのに、貸出金利の低下に拍車がかかり、金融機関の収益環境は厳しさを増すだろう」と言われています。確かにマクロ的

な分析をすればそのとおりなのですが、現場では他行庫より低い金利を提案するなんていうことは何十年も前から続いてきたことです。今さら驚くことでもありません。

　では、読者の皆さんは、なぜ金融機関は金利競争に陥るのだと思いますか。上述のとおり、金融機関が低金利の融資提案をすればするほど収益は薄くなっていきます。それでもなお低い金利での提案を続けるのはなぜでしょうか。

　「他行が安い金利で提案するから、対抗上やらざるを得ない」、「取引先の金利選好が強く、低金利の提案でないと取引を維持できない」など、一聴すると納得できそうな理由が返ってきそうですが、これらは問題の本質を突いていません。なぜなら金利競争に陥るのを他行庫のせいにしているからです。

　金利競争に陥るのは、自分自身に原因があります。

　そもそも経営者が「金利をもっと安くして欲しい」と言ってくるのは、その金融機関とは借入に関する取引しかしていない、と考えているからです。さらに言うと「この銀行とは借入に関する取引しかしていないのだから、金利を安くするように交渉するのは経営者として当たり前だろう」という気持ちがあります。

②融資以外の利益も提供すべき

　これは卑近な例ですが、私たちが家電製品を買うときの感覚と大差がありません。読者の皆さんが冷蔵庫を買い替えようと思い立ち、駅前の大きな量販店に出掛けたとします。店員さんからオススメの商品を聞き、スペックの説明も受けました。なかなか良さそうだなと思った時に「価格は20万円です」と提示されました。皆さんの頭の中に浮かぶのは「もうちょっと安くしてほしいな」という言葉だと思います。この量販店とは冷蔵庫の

売買をするだけの関係ですから、当然と言えば当然です。

　同じ頃、地元の電気屋さんにも出掛けてみました。この電気屋さんでは過去にエアコンとスピーカーを購入したことがあります。店員さんはフットワークの軽い人で、夏と冬にはエアコンのお掃除サービスをしてくれます。またその際には必ず、家庭で簡単にできる省エネ術を教えてくれます。さらにスピーカーを購入した時にクラシックが好きだと言った言葉を覚えてくれていて、地元で楽団の演奏会がある際にはパンフレットをわざわざ持ってきてくれます。この電気屋さんで同じ冷蔵庫について同じ説明を受け、同じ金額を提示されたとします。「もう少し値切ってやろう」と皆さんは思うでしょうか。

　金融機関と電気屋を一緒にするなとお叱りを受けるかもしれませんが、取引の相手が人間の心だという点で同じです。

　金利競争に話を戻しますと、経営者に対して融資以外の利益を提供することができれば状況は大いに変わってくるはずです。金融ソリューションだけではなく、本業ソリューションを提供することで満足していただければ、金利や諸条件についても納得していただけるはずです。「この銀行さんとはお金の取引だけではない、全体的に我が社を気にかけてくれている」と思ってもらえれば、しめたものです。間違いなく適正金利・適正取

本業ソリューションの提供が適正金利・適正取引につながる

引ができるようになるでしょう。まずは自分から取引態様を見直すことで、金利競争の地獄から脱出してはどうでしょうか。

(2)【誤解2】ビジネスマッチングがうまくいかないのは買いニーズが少ないからだ

①経営者も自身のニーズをつかめていない

　渉外担当者がソリューション営業に本気で取り組まない、もっとも大きな理由が「どうせビジネスマッチングはうまくいかない」という枯れ木のような諦めです。特に販路開拓のマッチングに関しては「買ってくれる相手先が都合よく見つかる訳がない」という固定観念を持っている人が多いように感じます。

　そもそもソリューション営業をビジネスマッチングだと思い込んでいること自体、非常にもったいないことなのですが、それは後述するとしまして、本項ではビジネスマッチングがうまくいかない理由を解明しましょう。

　結論を先に言いますと「経営者は自分でも今何が欲しいのか分かっていないから」、金融機関がいくらヒアリングしてもマッチングに至らないのです。

　詳しく説明します。まず取引先から「この商品の販路開拓をサポートして欲しい」とお願いされたとします。その際、渉外担当者の頭をよぎるのが「この商品に対する買いニーズはないだろうな」という思いです。普通はこの思い込みだけで諦めてしまうケースが多いのですが、気の利いた担当者は自分の取引先にアプローチしてみたり、本部に案件をトスアップします。

　ところが往々にしてマッチング先は見つかりません。金融機関の本部はこう思います。「当行が把握している買いニーズの数が少なすぎるから、本件に限らず、このような売りニーズが出てきた時に対処できないのだ」。

そこで全店をあげての聞き取り調査が始まります。取引先に対して「今、求めている物は何ですか」という趣旨の質問をする、買いニーズの発掘作業です。

ところが時間をかけて調査したにもかかわらず、具体的な買いニーズは出てきません。ひどいものになると、金融機関は仕入や調達の意味で「求めている物は何ですか」と聞いたのに「当社の商品に興味を持ってくれるお客様です」などという回答が返ってくる始末。本部としては取引先の買いニーズを一網打尽にできると思っていたのに、がっかりです。

しかしこれは、なるべくしてなった結果です。多くの場合、経営者は「今我が社に何が足りないのか」、「何があれば豊かになるのか」を分かっていません。したがって、いくら金融機関が頑張ってヒアリングしたところで「地元の食材を用いた加工食品が欲しい」、「製品の性能がアップする新素材が欲しい」などの期待するような答えは返ってこないのです。

アップル社の創業者スティーブ・ジョブズは「多くの場合、人は形にして見せてもらうまで自分は何が欲しいのかわからないものだ」と語っています。この偉人の言葉は、顧客に直接ヒアリングすることの限界を示しているように思います。

②**提案を聞いてくれる関係性づくりが重要**

では、金融機関はいかにして買い手側の企業を探し出し、ビジネスマッチングを推進していけばよいのでしょうか。実はジョブズの言葉にヒントがあります。そうです、形にして見せればよいのです。つまり、あらかじめ買いニーズをヒアリングしておくのではなく、販路開拓案件が発生した時点で渉外担当者が「あの取引先にこの商品を紹介したら関心を持つかもしれない」と推測してニーズを掘り起こすのです。ニーズを創ると言ってもいいかもしれません。

取引先との信頼関係構築がビジネスマッチング成功の鍵

 そして、そのためには経営者との間に、いつでも何でも提案を聞いてくれる関係性を築いておくことです。融資のセールスが上手な担当者は、ビジネスマッチングも上手にこなします。その理由は経営者とコミュニケーションが取れていて、信頼関係を構築できているからです。経営者も「この担当者が聞いてほしいという商品ならば、ひとつ聞いてみるか」という気持ちになるのです。
 ビジネスマッチングがうまく運ばない理由は、取引先から買いニーズの聴取ができていないからではありません。いざという時に耳を傾けてくれる取引先を作れていないことが原因なのです。

（3）【誤解3】取引先の課題を解決するのがソリューション営業だ―

①経営課題を解決するのは経営者

 ソリューション営業にまつわる誤解でもっとも根源的なものが、取引先の課題を解決するのがソリューション営業だというものです。こう言うと「おいおい、この本でも取引先の課題を解決しようと言ってきたけど、あれはウソだったのか」と指摘されそうですが、そうではありません。
 誤解しているのは「解決する」という箇所です。金融機関の渉外担当者は全知全能の神ではありませんし、中小企業の多種多様な経営課題をそう

簡単に解決できるはずがありません。そもそも経営している当事者ではないのに、解決しようという意識はおこがましいとさえ言えます。

渉外担当者は取引先に、経営課題を解決するためのきっかけ、ヒント、場の提供ができればよいのです。経営課題を解決するのは、経営者自身なのですから。

②真摯な取組み姿勢があれば十分

さて、ではどのような意識でソリューション営業に臨めばよいのでしょうか。「解決するぞ」と肩ひじを張るのではなく、「対応しよう」という肩の力を抜いたスタンスで十分です。その代わり、とにかく素早く対応することが大切です。100点の答えでなくても、的外れな答えでも構いません。金融機関の担当者として、その課題に真剣に取り組みますという意思表示をすることが何より重要なのです。

経営者は商売人ですから、結果ではなくてプロセスを評価してくれます。うまく解決につながる道筋を示すことができなくても、考えて行動して苦労している姿は経営者の胸を打ちます。「この担当者は不器用だけれど、誠実に動いてくれる」と思っていただけたら、結果の如何を問わず信頼関係を構築することができるのです。

必ず解決しなければいけないと頭と体をカチカチにしてしまうのではなく、とにかく体当たりで対応してみようと行動に移すことです。

3．本業ソリューションを提供する際のポイント

中小企業の経営課題は金融機関にとってのビジネスチャンスです。本節では、本業ソリューションを一気通貫で提供するために必要となる、効率的な情報収集のやり方、課題やニーズのキャッチアップ方法、実際に行動する際のポイントを流れに沿って解説します。

(1) 全方位から情報を収集する

ソリューション営業を行う上での前提となるのが、幅広い情報を収集しストックしておく活動です。よく「アンテナを立てて情報収集しよう」などと言われますが、金融機関の渉外担当者の場合、アンテナは一本では足りません。中小企業の経営課題は多種多様だからです。まさに全方位にセンサーを張り巡らせておかなければなりません。

とは言うものの、何でもかんでも情報をあさっていては効率が悪いですから、ここでは集める情報ごとにお勧めのチャネルを紹介します。

①企業情報の収集

まず企業情報についてです。多くの場合、新規先にアプローチする際には帝国データバンクなどの調査情報を、既往先への理解を深める際にはホームページなどをチェックすると思います。確かにだいたいの情報はこれで入手できるのですが、残念ながらこれらは他行庫を含め誰でも知り得る情報です。価値があるのは多くの人が知らない情報です。

そこで活用できるのが、都道府県や市区町村が制作している企業情報パ

ンフレットです。自治体は「おらが町には、こんなにスゴイ企業があるでよ」と優良企業をPRするのが大好きです。そのための予算を取り立派なプンフレットを作ります。筆者の手元に愛媛県が作成したパンフレットがありますが「えひめが誇るスゴ技」と銘打って、実に172社がカラー写真とともに掲載されています。所在地、設立年、資本金などはもちろん、取材者の視点で製品や技術の優れた点が一覧できる充実した内容です。しかしながら、このパンフレットが広くあまねく行き渡っているかというと、そうではないと思います。役所の行事や県外での企業誘致セミナーなどで配布されるのが一般的でしょう。

であればこそ、渉外担当者にとっては貴重な情報源となります。「県のパンフレットに御社が載っているのを見ましたよ」と言うだけで経営者とコミュニケーションを取るきっかけになりますし、掲載情報について「県下随一の技術と書かれていましたが、市場シェアはどのくらいなのですか」と深掘りすることもできます。他行庫の担当者と差がつくことは間違いありません。

②業界情報の収集

次に業界情報に関する収集方法です。金融業界には「680業種融資取引推進ガイド」「業種別審査事典」という刊行物があり、与信判断等の参考情報として大いに役立ってきましたが、こちらも金融機関の職員ならば誰でも知り得る情報です。

独自のチャネルから情報を仕入れようとするならば、業界紙の購読をお勧めします。読者の皆さんもニッキンや金融経済新聞を購読しているかもしれませんが、他の業界にも同じように業界紙があります。例えば化学工業日報、日刊建設工業新聞、ゴム報知新聞、住宅産業新聞、日本食糧新聞などです。

さすがに業界紙だけあって、業界動向や最新技術や製品の紹介については一般紙の追随を許しません。自分の取引先に特定の業種が多い場合、経営者とより深い話がしたい場合、多少の購読料はかかりますが自分に投資する意味で活用してみるとよいでしょう。

③展示会での情報収集

最後に、企業情報と業界情報を一度に収集する機会として、展示会に参加する方法があります。地元の商工会議所や各種業界団体が主催する展示会は、情報の宝庫です。まず受付で出展企業の情報が掲載されているパンフレットを取得できます。これはどこにも売っていない貴重な情報です。次に、出展企業と直接会話をすることができますから、より詳細な情報をゲットできます。出展企業には「自社を知ってもらいたい」という意欲が共通してありますから、金融機関の渉外担当者に対しても懇切丁寧に技術や製品の説明をしてくれます。

これらのチャネルを有効活用して、ソリューション営業に役立つ情報をストックしておきましょう。

なお、本項では企業情報と業界情報の収集方法についてのみ述べましたが、国や自治体が展開している助成金情報や、公的機関の支援サービス情報などもしっかりと集め、ストックしておく必要があるのは言うまでもありません。

(2)「訊き」上手になる

同行訪問をしていて感じるのが、「聞く」のが上手くても「訊く」のが苦手な渉外担当者が多いということです。巷のビジネス書を読んでいると、円滑な人間関係を作る秘訣は相手の話を傾聴することです、という類のこ

とが書かれています。確かに自分の言いたいことを言うよりも、まずは相手の話に耳を傾けて聞き役に回るほうがうまくコミュニケーションを取れるでしょう。

しかし、単なる人間関係から一歩進んで信頼関係を築くためには、訊き上手、つまり質問する力を高めることが大切です。特にソリューション営業の準備段階である事業性評価を行うにあたっては、取引先の事業内容を把握するための的確な質問が必要となります。

例えば、取引先の商流を把握する際に「どこから仕入れて、どこに販売していますか」と平板な質問をするのではなく、「どこから仕入れて、御社でどのような付加価値をつけて、どこに販売していますか」と尋ねることで、得られる情報の量も質もグンと高めることができます。

渉外の仕事に慣れないうちは質問事項を紙に箇条書きするのもよいかもしれませんが、慣れてきたら上記のように質問に工夫を加えて、1つの問いかけでより多くの情報を引き出せるよう努力してみましょう。

(3) 仮説を立てる

①面談を世間話で終わらせない

次のステップとして、様々なチャネルからの情報、また質問することで得た経営者からの答えなどを参考に取引先が有しているであろうニーズや課題を予測します。つまり自分なりに仮説を立てることで、経営者と面談する際の準備をしておくということです。

例えば「社長、先日建設工業新聞を読んでいましたら、日本の大手建設業者がベトナムの国道工事案件を受注したという記事がありました。これからは中小企業も海外案件に絡んでいく機会が増えるだろうと書いてありましたが、御社ではグローバル人材を採用したり育成したりする計画はありませんか」または「ジェトロの担当者と話していて仕入れた情報なので

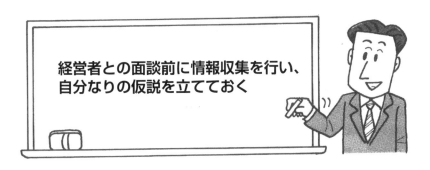

すが、国内の食品メーカーと世界のバイヤーを結びつける無料のマッチングサイトができたのだそうです。御社の加工食品はヨーロッパ向けにも通用すると思うのですが、販路開拓に関心はありませんか」といった具合です。

筆者は「勝敗の差は、準備の差」という言葉が好きですが、情報を精査した上で、経営者と会話する前の段階で仮説を立てておかないと、貴重な面談時間が世間話で終わってしまいかねません。時間を有効活用するという意味でも、仮説を立てることは大切な作業なのです。

②間違った仮説でもよい

なお、この仮説は正解である必要はまったくありません。間違っている仮説をぶつけた場合、経営者はきっと訂正してくれるでしょう。また、なぜそのような仮説を立てたのかという話題で、より深いコミュニケーションが取れるようになるはずです。

さらに言えば、仮説をぶつけることで経営者自身も気付いていなかったニーズを創り出せることもあります。「言われてみれば、そういう活動が今後必要になるかもしれないね」と、より良い経営方針に見直していくきっかけになれば、担当者冥利に尽きるというものです。

筆者が思うに、この仮説をぶつけることができるか否かが、営業スタイ

ルを決める重要なポイントです。取引先の状況などお構いなしに自行庫の都合を優先する「お願い営業」、経営者のニーズや課題を聞くものの具体的な行動に移さない「御用聞き営業」、そして自分で立てた仮説をぶつけることで真のニーズをあぶり出し、場合によってはニーズを創ることさえする「ソリューション営業」。

どのスタイルが経営者から信頼されるかは明らかです。

インターネット技術が発展した現代にあって、金融機関は経営者と直接やり取りができる数少ない職種の1つです。せっかくの面談の機会に手ぶらで臨むのではなく、しっかりと自分の意見を持った上でコミュニケーションを図ってほしいと思います。

(4) ゼロ回答をしない

①経営課題を話してもらえるのは金融機関だからこそ

せっかく経営者からニーズや課題をヒアリングできたにもかかわらず、平気でゼロ回答をしている担当者はいませんか。はっきり申し上げて、これは極めて失礼な行動です。

当然のことながら、経営者は誰彼かまわず自社の経営課題を喋る訳ではありません。言い方は悪いですが、経営課題は恥ずかしいことです。自社に足りていないこと、力の弱いことですから、本来は誰にも打ち明けたくないはずのことです。にもかかわらず、胸襟を開いて渉外担当者に話してくれるのは金融機関の職員だからです。信頼して経営課題を打ち明けたのに、あるいは対応策を期待して打ち明けたのに、ゼロ回答ではがっかりさせてしまいます。

金融機関ができるソリューションはビジネスマッチングだけではありません。有益な情報をタイミング良く取引先に提供できれば、マッチングと同等の効果、もしくはそれ以上の効果をもたらします。「ソリューション

営業＝ビジネスマッチング」という固定観念にとらわれていると、できるものもできなくなってしまいます。先にも述べましたが、中小企業の経営者は商売人ですから、結果ではなくてプロセスを評価してくれます。結果的にドンピシャのマッチング先を紹介できなくても、それに代わる行動や情報提供をしていれば必ず認めてくれます。

次の第3章では、ビジネスマッチングに引けを取らないソリューションの提供方法を詳しく紹介しますので、楽しみにしてください。

②経営者からも同僚からも一目置かれる存在に

「取引先にゼロ回答しない」という目標をぜひ自分に課してください。ゼロ回答しないことは大変です。日頃から弛むことなく情報収集しなければなりませんし、自分なりの仮説も構築しなければなりません。他行庫が経営者に向かって「社長、今回のニーズにはご対応できそうにありません」と言っているのを尻目にめちゃくちゃ努力しなくてはなりません。

しかし、ゼロ回答しないと誓った瞬間、渉外担当者としてものすごくレベルアップします。経営者からも自行庫の職員からも一目置かれる存在になりたい方は、覚悟を決めて実践してみてください。

ゼロ回答をしないことを
自分に課す

(5) 頭よりも手と足を動かす

①中小企業の経営者は難解な戦略論等を求めていない

　ソリューション営業に難しい理屈や理論は不要です。コンサルティング、ソリューションなどと聞くとMBAを取った外資系のコンサルタントが難解な戦略論を振りかざす、というイメージがあるかもしれませんが、渉外担当者は「ミニマックス戦略」や「科学的管理法」なんて知らなくても何の問題もありません。なぜなら、中小企業の経営者はそのようなものを1つも求めていないからです。

　先にも述べた、経営者は完璧な事業性評価など期待していないという理由と同じで、大層な経営戦略論など無用の長物くらいにしか思っていないでしょう。想像できると思いますが、100個の理論をお伝えするよりも、1社とビジネスマッチングしたほうが経営者は喜びます。

②行動に移すことが肝要

　では、渉外担当者はどのようにしてソリューション営業をすればよいのでしょうか。とてもシンプルな答えですが、それは頭よりも手と足を動かせばよいのです。泥臭いやり方かもしれませんが、頭の中で様々な解決策を練るよりも、精度は低くても素早く対応することが肝要です。うまく提案できなければ、何度でも取引先に足を運べばよいではありませんか。経営者と一緒に、まず取り組むことを紙に書き出せばよいではありませんか。

　ここで「3匹の猫の話」を紹介しましょう。今、塀の上に3匹の猫がいます。そのうち2匹は「よし、飛び降りてエサを探すぞ」と決めました。さて今、何匹の猫が塀の上に残っているでしょうか。

　答えは3匹です。2匹はエサを探すぞと決めただけで、まだ行動に移していません。こちらから見ると3匹は塀の上に横一線、何の変化もないよ

うに見えます。

「よし、取引先のニーズに応えるぞ」、「自分なりに頑張って考えてみるぞ」という姿勢は立派です。しかし、経営者の視点からは、心の中の決意や頭の中までは見ることができません。やはり実際に手と足を動かしてこそのソリューション営業なのです。

(6) 外部機関を活用する

　すでに第2章1（2）①（40頁）でも触れましたが、外部機関を活用してのソリューション提供を、今後渉外担当者は推進していくべきです。外部の公的機関は素晴らしい支援メニューを持っているにもかかわらず、中小企業に知られていないがために、あまり活用されていないケースが数多くあります。これは公的機関、中小企業の双方にとっての大きな機会損失です。

　金融機関の渉外担当者が各公的機関の支援情報を集約し、取引先の経営課題に応じて最適なメニューを処方していけば、極めて効率的にソリューション営業を展開することができます。

　また、公的機関にはそれぞれの専門分野があるため、中小企業の経営課題に対して的確なアドバイスをしてくれます。餅は餅屋です。安心して取引先を任せることができるのです。

　ただ、金融機関にできて公的機関にはできない、決定的な仕事が1つあります。それは、中小企業と複数の機関をつなぐ、懸け橋となる仕事です。公的機関は中小企業を引っ張って、他の公的機関につないでいくような仕事まではしません。自己完結型と言ってもよいかもしれません。

　金融機関は違います。フラットな立場で、様々な公的機関とつないでいくコーディネーターのような役割を担うことができます。したがって、上述したように様々な支援情報をストックしておいて「この機関でニーズに

金融機関だけが様々な公的機関、団体などとの懸け橋になれる

対応できたら、次はこの課題に対応するために、この機関につなぐ」という動きがとても大切になります。

政府が推進している地方創生においては「産官学金労言」の連携が地域の活性化につながると言われていますが、産業界の中小企業を公的機関や自治体、大学やマスコミなどとつなげていく力を持っているのは金融機関だけだと筆者は確信しています。

地域社会のつなぎ役として、金融機関への期待はますます高まっていくでしょう。

(7) 楽しんで取り組む

①ソリューション提供は「プレゼント」

ソリューション営業は好きな人へのサプライズに似ています。読者の皆さんも大好きな人を喜ばせようと思って、こっそりプレゼントを買ったり、レストランの予約を取ったりした経験があるかもしれませんね。

ソリューションを提供することも、大切な取引先を喜ばせることにつながります。特に経営者が「金融機関に相談しても対応してくれるのは難しいだろうな」と思い込んでいるニーズに対して提供できれば、一層喜んで

くれることは間違いありません。

　また、サプライズは仕掛ける側にとっても楽しいという点でも似ています。喜んでくれる顔を想像して、あれこれ準備にいそしむのは楽しいものです。

　ソリューションも提案する準備段階から楽しめます。「さすがに社長もこの提案には驚くだろうな」という風にアイデアを出したり、工夫を凝らしたりする時間は充実しているはずです。

　金融機関の仕事は、厳格な与信審査や正確な事務作業が求められますから、ともするとルールどおりに働くことが評価されがちですが、ソリューション営業に関しては違います。渉外担当者が自由に発想することが重要ですし、何より楽しんでやらなければ相手を喜ばすことはできません。

②ソリューション営業は人生を変えるパワーも持つ

　ある銀行の若手担当者と数回にわたって同行訪問をしたことがありますが、彼は「自分は営業に向いていないから、辞めたい」ということを繰り返し言っていました。そんな折、海外展開に取り組みたいという取引先のニーズをキャッチし、東南アジアに販路を持っている貿易会社とうまくマッチングすることができました。その取引先の長い業歴の中で、初めて海外に販売するという大きな出来事になりました。経営者から感謝されたこともあり、彼は急に仕事が楽しくなったようです。それからは訪問するたびに進捗の確認を行い、自分なりのアドバイスや情報提供をするようになりました。結果的に、他の取引先に対しても同じようなソリューション活動をするようになり、本部からも認められ、若くして本店営業部の新規開拓専担チームに栄転していきました。

　自分が楽しみ、相手を喜ばせるソリューション営業には、自分と相手の人生を変えるほどの力があるのです。きっかけは簡単です。取引先のニー

ソリューション営業には自分と相手の人生を変えるほどの力がある

ズに対して、まずは自分が楽しんでソリューションを検討し、工夫し、提案してみることから全ては始まります。

第3章

ソリューション営業の実践

1．金融ソリューションは大前提

　第1章と第2章で中小企業が抱える経営課題、それを解決するための経営者の切実な思い、金融機関がそれらに対応することは大きなビジネスチャンスになり得ることなどを解説しました。しかし忘れてはならないのが、金融機関にとっては金融ソリューション（すなわち融資や預金、為替業務）を提供していくことが取引先とコミュニケーションを継続していくための大前提となることです。

　考えてもみてください。もしも金融機関が取引先の経営課題に対して様々なアドバイスをするだけの存在であれば、それは民間のコンサルティング会社とまったく変わりません。取引先は金融ソリューションがあるのを知っているからこそ、金融機関が提案する本業ソリューションに耳を傾けてくれるのです。

　以前、外資系コンサルティングファームの役員の方と話しましたが、彼は「どう逆立ちしたって、我々はクライアントにお金を貸すことはできません。事業がうまく回り始めると、じゃあ後は金融機関に相談してくださいね、と手離れするしかないのです」と言っていました。

金融機関がコンサル会社と決定的に異なる点は、取引先にソリューションを提供しただけで終わるのではなく、資金を供給することで自らもリスクを取り、取引先と共に歩んでいく点です。責任の重みが違います。日本中どのような業界を見回しても、これと同じことをできる会社はありません。

　また、金融機関の総合取引を推進するという観点から見ても、本業ソリューションと金融ソリューションは密接不可分のものです。読者の皆さんの中には、この２つを切り分けて考えている人がいるかもしれませんが、渉外担当者個人の業績アップの点からも２つをワンセットと考えたほうがよいでしょう。

　詳細は第４節（137頁〜）で述べますが、取引先の本業がうまく回っていくよう支援することは、そのまま資金需要の発掘につながります。中小企業の経営に必要な「人・物」が動くとき、「金」も連動して動くからです。

　本業ソリューションと金融ソリューションを別個のものと認識してしまうと、本業のサポートができた時点で「やれやれ、これで一段落」と思い、思考と行動が停止します。

　渉外担当者の皆さんの使命は何ですか。金融機関の総合取引を推進することです。であれば、本業の支援から金融の支援にスムーズにつなげていかなくてはいけません。

　金融機関の渉外担当者には、金融ソリューションと本業ソリューションの二刀流で取引先を支援していくことが求められている訳ですが、他の誰にもできない仕事をしているという矜持をぜひ持ってもらいたいと思います。

2.「課題別」営業店でできる具体的なソリューション営業

①中小企業の代表的な課題は7つ

　ここからは、実際に営業店でできる具体的なソリューション営業の手法について紹介していきます。提案手法を中小企業が抱える下記7つの経営課題にカテゴリ分けしていますから、自分の取引先が持つニーズと照らし合わせながら、一種のソリューション事典として活用してください。

〈7つの経営課題カテゴリ〉
　1．販売先の拡大
　2．コストの削減
　3．開発力・生産力の増強
　4．販売促進活動の強化
　5．人材の活用
　6．事業の海外展開
　7．経営環境の整備

②経営者の抱く灯を炎に変えるソリューションを

　前述したとおり、取引先から求められているのは、経営に役立てることのできるタイムリーで具体的な情報提供です。しかしながら、現在のところ金融機関の渉外担当者がもたらす情報というのは画一的であると言わざるを得ません。自行庫のセミナー案内、国の助成金、本部がまとめた業界情報などでは、取引先から十分な満足は得られない可能性が高いです。他の担当者に差をつけ経営者から一目置かれるためには、少々とがった情報やアドバイスも必要になるでしょう。本書に記載しているソリューションが最良というわけではありませんが、皆さんの発想を広げるヒントにして

いただきたいと思います。

　また、経営者に提供できるソリューションをあらかじめ頭に入れておくということは、会話の発展にも役立ちます。的外れであっても「社長、このような手段（情報）もありますよ」と切り返すことができれば、手ぶらで話をするよりも、はるかに多くの内容を引き出すことができます。これは薪を火にくべる行為に似ています。ソリューションという薪は小さくてもイビツな形でも構いません。投げ込むことで経営者が灯している火は大きく燃え上がるはずです。燃える火をただジッと静観しているだけではダメなのです。

　前置きが長くなりました。それでは今日からできる、営業店でのソリューション提供を見ていきましょう。

（1）販売先の拡大

①「販売先がない」ことが多いのが実態

　何と言っても、中小企業の経営課題でもっとも多いのが、販路開拓、すなわち販売先の拡大です。読者の皆さんも、ソリューションと言えば販売先とのビジネスマッチングだ、という印象が強いかもしれませんね。実際に中小企業の経営者と会話をすると、経営者が唯一の営業マンというケースは珍しくありません。また、現状の販売先が経営者個人の人脈によって築かれたという会社も数多くあります。

　したがって、企業を永続的に発展させていくために不可欠な行為として、自社の商品、サービス、技術などを買ってくれる企業の新規開拓が必要となるのです。金融機関は業種を問わず多くの企業と取引関係にありますから、経営者もビジネスマッチングを期待しています。

　渉外担当者はこの期待を背に受けて、販売先を探すことになります。もちろんニーズに合った企業をドンピシャで紹介できれば、これに越したこ

とはありません。

しかしながら、苦労の甲斐なく自分の取引先にも、僚店の取引先にも、本部の提携先にも、これぞという企業がない場合があります。いや、むしろない場合のほうが多いかもしれません。そのような時に経営者に対してゼロ回答をすると、「この担当者に相談しても意味がないな」と失望されてしまうかもしれません。信頼関係を構築するための努力が、これでは裏目に出てしまいます。紹介する先がゼロであったとしても、何らかの情報提供を行う必要があるのです。

以下にご紹介するソリューションは、ドンピシャの先がなかった際の言わば切り札となる情報提供です。もしくは、具体的な販売先を探す前の段階でお伝えしておいてもよい情報でしょう。

②ネット検索による新規販売先の獲得提案

読者の皆さんの中にインターネットを使った経験がない、という人はほとんどいないと思いますが、ではネットの検索サイトで取引先の経営課題を解決する方法をキーワード検索したことはありますか。天気予報や電車の発車時刻を毎日検索しているにもかかわらず、「中小企業の販路開拓」「販売先獲得」といった検索をしてみた人は少ないのではないでしょうか。

第3章　ソリューション営業の実践

　しかし、インターネット上には中小企業のビジネスチャンスが数多く眠っています。代表的なのが、小売や流通大手企業とのビジネスマッチングのチャンスです。実は、誰もが名前を知っているような大手企業はネット上で商品の募集を行っているのです。試しに「商品提案」というキーワードで検索してみてください。驚くべき結果が表示されるはずです。

　例えば日用雑貨の小売大手が「法人様ご提案窓口」を開設しています。募集品目はバラエティ雑貨、理美容品、文具、季節商品など多岐にわたります。ほかにもテレビ通販でおなじみの企業が「商品提案受付」というサイトを立ち上げていたり、富裕層が使う高級スーパーが加工食品を求めていたりします。

　このように一般消費者に対して商品を販売する企業は、品ぞろえの豊富さ、すなわち商品ラインナップの拡充に力を注いでいることが分かります。消費者が飽きてしまわないように、日々新しい仕入先を探し、売れそうな商品の募集を続けているのです。

　そしてこの事実は裏を返せば、中小企業の販路開拓の機会に直結します。商品は優れているものの、営業力がないために新しい販路を獲得できない経営者には貴重な情報となるはずです。

　ネットを通して大手企業に提案するメリットは３つあります。

　まず第一に、直接提案できること。通常の商取引の場合、大手企業に販

売するまでには専門商社や仲卸といった中間業者が入ることが多々あり、それぞれマージンを取っていきます。したがって、販売元の中小企業にとって価格的なメリットが薄いことがありますが、ネットの窓口を使えば直接提案でき、そのまま直接取引になる可能性が高くなります。

　第二に、大手企業側の最適な人物が提案商品を吟味してくれることです。大手企業にはバイヤーと呼ばれる商品仕入れのプロフェッショナルがいますが、専門分野が商品ごとに異なっています。例えば百貨店の食品部門には、生鮮・菓子・ギフト・催事などの担当バイヤーがいます。ネットを通して提案すれば、社内で最適なバイヤーに情報が回され、しっかりとした判断をしてくれます。

　最後に何と言っても、手間とコストがかからないことです。現実の商取引であれば、企画書を作り上げ、アポイントを取り、先方に出向いてようやく商談という流れになるでしょう。しかし、ネットを使えば決められたフォーマットに沿って商品情報を記載し、送信ボタンを押せば提案終了です。中小企業にとって、これほど便利な販路開拓はありません。

実例

　実際にあった例を挙げましょう。金融機関の取引先に、ホタテの貝殻成分を抽出した消臭剤メーカーのＡ社がありました。性能は優れているのですが、経営者だけでは十分な販路開拓ができないことが悩みの種でした。そこで渉外担当者は「社長、手間もお金もかからないネット検索で新しい販売先を見つけてみませんか」と提案。経営者の背中を押しました。さっそく様々な企業を検索したところ、あるスポーツジムの運営会社がジムに併設された物販コーナーで販売できる商材を探していることを見つけました。すぐに応募フォームから提案したところ、物販部門の責任者と直接商談できることになりました。まずはテスト販売からとい

> うことで3店舗から始めましたが、売れ行きが好調なので今では
> 全てのジムで販売されています。しかも、商品はジムの買い取り
> という、メーカー側に大変有利な条件となっています。

　なお、ここでは主に消費財にスポットを当てて解説しましたが、「技術提案」などのキーワードを用いると、工業系技術の募集窓口を見出すこともできます。ぜひ様々なキーワードを試してみて、取引先に合った情報を収集してください。

③都道府県事務所の活用提案

　地方が元気になることが日本経済を発展させるという「地方創生」が政府主導で推進されるようになり、日本各地の優れた地方産品が改めて注目されるようになりました。地方産品は食品だけに限りません。経済産業省が認定している「The Wonder 500」という、地方から選りすぐられた500個の商材を見てみると、ヒノキを加工したまな板、高い研磨技術を駆使したビアタンブラーなどの生活用品やファッション小物も優れた産品として挙げられています。地域密着を掲げる金融機関としても、地方産品の販売をサポートすることは地域社会の一員として大切な仕事の1つです。

　地方産品を製造している企業の多くが中小企業です。したがって確固たる販路を持っているケースは少なく、特に東京や大阪などの大都市圏には販売ルートを持っていません。しかし、大きく売上を伸ばしたいならば、これら大都市のマーケットは非常に魅力的です。全国に支店を持つメガバンクならば広域マッチングで販売先を紹介できるかもしれませんが、地域金融機関のネットワークでは都市部へのサポートが困難なこともあるでしょう。

　そこで活用を提案したいのが、都道府県が都市部に設置している出先機

関です。あまり知られていませんが、多くの都道府県は東京都と大阪府に出先機関としての事務所を設けています（青森県東京事務所、宮崎県大阪事務所などと呼ばれます）。

　この事務所の役割は大きく分けて2つです。1つ目は情報収集です。地元に誘致できそうな企業や産業を調査したり、U・Iターン希望者と接点を持つために大学や業界団体などとネットワークを築いています。都市部で得た情報を地元に流すパイプ役となるわけです。

　2つ目の役割は情報発信です。地元企業が持つ商品や技術を都市部に売り込むのです。時にはマーケティング調査の手助けをし、時には消費者向けの物産展を開催し、時には都市部の流通企業と商談の場をセッティングします。地域金融機関と同様に、県事務所も地元産業の発展をサポートすることが重要なミッションなのです。ですから、金融機関がフォローできない広域の支援は、都道府県のリソースを活用することで補えばよいのです。

　都道府県のホームページを見ると、事務所の設置場所や活動を確認ことができます。その上で、経営者に都道府県の担当部署に相談してみることを提案するとよいでしょう。場合によっては相談の場に同席し、都道府県の担当者に金融機関としてもバックアップしていくことを伝えてもよいかもしれません。

　実際に、当初は地元の「道の駅」にしか販路のなかった「黒にんにく」の加工業者B社の経営者が、金融機関の担当者に促されて、都道府県に販路の相談をしたことがあります。地元のにんにくを使っているということもあり、県としても応援をすることに。その後、都市部の県事務所が開催した物産展に出品したところ人気に火が付き、あれよあれよと言う間に東京の有名スーパーでも扱われるようになりました。

　金融機関のちょっとしたアドバイスが、結果的に企業経営の展望を大き

く開くこともあるのです。

④官公需情報ポータルサイトの活用提案

　販路に関するソリューションの話をしていて金融機関の渉外担当者が異口同音に口にするのが、建設工事業を営む取引先への提案の難しさです。食品や化粧品など私たちの身の回りにある消費財は、販売先をイメージしやすいため比較的ビジネスマッチングがしやすいと思います。工業系の部品メーカーに対しても、完成品を想像しながらマッチング先を思い描くことはできるでしょう。しかしながら、建設工事業の場合は販路のイメージがまったく湧かない、そもそも販売先を見つけるという概念自体に違和感があると言うのです。

　確かに、建設工事業は特殊です。まず建設工事は、土木と建築に大きく分けることができます。土木工事は道路や橋梁などのインフラ整備が中心となります。一方、建築は学校や病院など建物に関する工事が主体です。そして、これらの工事のうちの多くが公共工事と呼ばれる、国や自治体が行う政策的な工事なのです（もちろん、民間の工事もありますが）。したがって、建設工事業の場合は誰かに何かを販売するという商流ではなく、誰かから工事を受注するという形で事業が回っていくのです。ビジネスマッチング先に頭を悩ませる理由はここにあります。

　「それじゃあ国や自治体の担当者と引き合わせればいいじゃないか」となりますが、金融機関の渉外担当者にとってそれは事実上不可能です。工事によって担当者は異なりますし、公共工事が実施されるタイミングもまちまちです。そもそも紹介できたからといって工事案件を一民間企業に気安く発注してくれることはありません。

　このような時に活用提案できるのが、中小企業庁が運営している「官公需情報ポータルサイト」です。このサイトは全国の官公庁の入札物件情報

を網羅しており、簡単に検索、閲覧できるようにまとめられています。キーワードを入力した上で、入札日や地域によって絞込み検索ができるので非常に便利です。例えば「道路」とキーワードを入れ、岡山県にチェックして検索してみると、「県道山陽線道路改良工事」や「児島線道路植栽工事」などの案件がヒットします。このほかにも自衛隊基地や陸上競技場などに関する珍しい工事案件や、スキー場や国定公園の整備など、その地域ならでは案件も検索することができます。

　これらはあくまでも入札案件ですので、入札資格がない中小企業はチャレンジすることができません。しかしながら、サイトを使ってみるだけで社会の趨勢を大ざっぱに掴むことはできると思います。特に昨今は防災意識の高まりから、災害に強い街づくりが求められるようになりました。また2020年の東京オリンピックを控え、地域によっては大規模な社会インフラの整備が急がれています。中小企業にとっては、これら全てがビジネスチャンスとなり得ます。

　建設工事業に携わる取引先に、直接発注元を紹介するのは困難です。だからと言ってソリューションの提供を諦めるのではなく、このような便利なツールを案内することで経営者を側面から支援し、信頼を獲得していきましょう。

⑤購入型クラウドファンディングの活用提案

　貸出の推進と同じくらい難しいのが、貸出の謝絶です。特に経営者と何度も対話を重ねていながら、どうしても収支の見通しが立たず金融機関として断らざるを得ないケースは、渉外担当者にとって苦しい仕事でしょう。金融機関も組織である以上、審査は厳格にしなければなりませんし、何より預金者保護は大切な使命ですが、一個人として何とかお役に立ちたいという気持ちが湧くのも無理はありません。それに、今は財務体力がなく、

収支計画が弱くても、将来は立派な企業に成長する可能性も秘めているわけです。

　このような場合に「社長、販売計画に妥当性がないため、今回のご融資はできません」とあっさり謝絶するのは面白くありませんし、何よりここで縁が切れてしまい今後につながらなくなってしまいます。

　そこでお断りする代わりに提案できるのが、クラウドファンディングの活用です。クラウドファンディングは最近耳にすることが多くなった新しい資金調達の手法で、数多くの出資者から小口資金をインターネット上で募集するものです。出資者から見て、配当や利益の一部を獲得できる「投資型」、まったくリターンの発生しない「寄付型」などの種類がありますが、一般企業にメリットがあるのは「購入型」でしょう。

　購入型クラウドファンディングは、出資者へのリターンが金銭以外の商品になります。既に商品を販売していれば、それを購入してもらうことで資金調達ができますし、資金を集めて商品を完成させた暁に商品を贈ることもできます。したがって、新しく事業を始めようとしている小規模企業や、これから会社を興す起業家にうってつけのサービスなのです。

　岐阜県高山市に、飛騨信用組合という金融機関があります。2014年、同組合はクラウドファンディングの運営事業者と提携し、金融機関として初

**購入型クラウドファンディングは
資金調達の有効な手段**

めて購入型クラウドファンディングのサービスをお客様に提供しました。融資以外の資金調達方法を提案するという、言わば究極のソリューション営業ではないでしょうか。

　筆者はこの活動を知り、アメリカの百貨店ノードストロームの逸話を思い出しました。ある日、女性客がノードストロームで気に入った服を購入しようとしましたが、ぴったり合うサイズがありません。諦めて帰ろうとしたところ、従業員がライバルの百貨店から希望のサイズを購入してきて女性に手渡したそうです。

　飛騨信用組合ほど組織だった動きが難しいとしても、渉外担当者が経営者にクラウドファンディングに関する情報を提供することは可能です。「今は資金面でお役に立てませんが、このようなソリューションもご検討ください」というメッセージは、経営者の心を打つはずです。クラウドファンディングを活用し、いつか事業を大きくして戻ってきてくれるかもしれません。

　型どおりの謝絶文言を伝えるだけではなく、プラスアルファのソリューションを提案することで、お客様の記憶に残る担当者になれるでしょう。

(2) コストの削減

①有意義なコスト削減提案が理想

　金融機関にコンサルティング機能の発揮が求められる以前から、渉外担当者が比較的頻繁にアドバイスしてきたのが、コスト削減に関するものではないでしょうか。と言っても、「売上増加に関するアドバイス方法はよく分からないし、同業他社に比べて××費がかさんでいるから、社長に削減するよう言ってみるか」というのが実態かもしれませんね。同じ助言をするにしても、経営者が気持ちよくすぐに取り組めるようなアドバイスを目指したいものです。

第3章　ソリューション営業の実践

　コスト削減をアドバイスする渉外担当者は4パターンに分けられます。
　1つ目は「無関心」タイプ。決算書をいただいて費用が利益を圧迫していることが分かっていても、アドバイスすらしません。経営者にも「この収益だと、融資条件はこうですね」と四角四面な対応です。ロボットのようで、当然経営者から信頼を獲得できません。
　2つ目は「無責任」タイプ。費用を削減しないと返済原資を確保できないので、ただひたすら「費用を削らないと利益が出ませんよ」を繰り返します。アドバイスが大ざっぱで、どの費用を削るべきなのか具体的な指摘がないので、経営者も困惑してしまいます。
　3つ目は「無遠慮」タイプ。同業他社と比較するなどして、とにかく高額な費用を優先して削減するよう進言します。「人件費がかさんでいますから、ここを削るべきでしょうね」などと、高額になっている背景をヒアリングせず、経営者から反感を買ってしまうケースもあるようです。
　そして最後が「有意義」タイプ。どの費用が利益を圧迫しているかを読み取り、具体的な削減策をアドバイスします。具体的な、というのがポイントで、経営者が削減に取り組む動機付けになります。これこそがソリューション営業で、経営者から信頼を獲得できます。
　中小企業の経営者はとかく売上を伸ばすことに注力しがちですが、費用の削減は即利益に結びつきますから、利益を増やし内部留保を厚くするという点では、コスト削減のほうが早道です。また、売上の伸長は外部要因によって左右されますが、経費の節減は会社内で取り組めることです。経営者にとって耳の痛い話であっても、金融庁の提示した総合的な監督指針にあるように「適切な助言などにより顧客企業自身の課題認識を深める」ために、具体的なソリューションを提案しましょう。

②省エネルギーセンターによる省エネ診断の活用提案

　読者の皆さんは貯蓄にお金を回すために、家計のまず何を削減しますか。マンションの家賃や生命保険料は簡単に削減できませんし、まずは身近なものからということで、電気代などの光熱費を節約しようと考えるのではないでしょうか。スイッチをこまめに切ったり、照明をLEDに替えたりするだけで、月に数千円は貯金できるかもしれません。

　企業の場合はどうでしょうか。毎日大量の電力を用いて材料加工をしている製造業、冷蔵冷凍設備を使い続ける水産業、多くの客を収容しているホテル業などは、規模が大きい分、光熱費の削減効果は顕著に表れます。

　そこで活用したいのが、一般財団法人省エネルギーセンターの省エネ診断です。このセンターは無料で「何をどうやって削減すれば、どれくらいの経費が浮くのか」を指導してくれます。省エネの専門家が、現地の工場や施設などで電力の使用状況に関する診断を行い、診断報告書にまとめた上で、効率的な省エネの方法をアドバイスしてくれます。一般論ではなく、現場主義に基づいている点で説得力があります。

　診断報告書のきめ細かさにも目を見張るものがあります。企業のエネルギー使用状況を原油換算量とCO_2排出量別に算出し、コストがいくらかかっているのかを示してくれます。

　また改善提案として、投資せずに運用の工夫で対応できるものと、設備投資することで改善できるものをそれぞれ提示してくれます。さらに、設備改善に対する投資額と年間の削減額から、投資回収期間も割り出してくれる親切ぶりです。

　この省エネセンターに関するソリューション提案は、融資につながる大きなチャンスも秘めています。省エネに取り組むための設備投資額は明確になっていますし、経費の削減額を返済原資として見ることもできます。何より省エネセンターの活用を提案することは、金融機関が設備資金ニー

ズを喚起したことになりますから、その流れで経営者から依頼される可能性は高いはずです。

実例

　省エネ診断から設備資金融資につながった事例を紹介します。
　ある金融機関の渉外担当者の悩みは、取引先の製麺業者Ｃ社の収支構造が利益の出づらい体質になっていることでした。営業努力によって売上を伸ばしても、その分経費がかさんで安定した利益を計上できないのです。生麺の製造に関しては地元でも有名な企業でしたから、何とか改善する方法はないかと情報を集めていたところ、無料の省エネ診断があることを知りました。
　さっそく経営者に提案したところ、Ｃ社としてもエネルギーコストの高止まりに危機意識を持っていたとのことで、すぐに診断を受けることになりました。その結果、いくつかのボイラーや空調機を更新することで、驚くほど経費削減できることが判明しました。経営者は設備の更新資金を渉外担当者に相談し、二人三脚で取り組んでいくことになりました。

　企業がエネルギーを多く使う夏場と冬場は、省エネルギーセンターへの問い合わせも増加するそうです。省エネ診断の申し込みは書類を送付するだけですから、せっかくのソリューションが手遅れにならないよう早めの行動を心がけましょう。

③中古機械の買取を実施するリース会社とのビジネスマッチング
　最近は書籍やブランド品などを中古で買い取ってくれる業者が増えました。筆者も捨ててしまうよりは安価でも買ってくれるほうがよいと思い、不要になった本を売却した経験があります。

この中古買取という事業に関連して、リース会社が産業機械を積極的に購入しているという事実をご存知でしょうか。大手のリース会社を中心に、中小企業から中古機械を買い取って修繕し、リユースしたり、海外に販売したりする動きが盛んなのです。製造業が日々使用している工作機械は廃棄するだけでも多額の費用がかかりますから、中小企業にとっては大きな負担となっています。これをリース会社に買い取ってもらうことで、廃棄費用分のコストを削減することができます。

実例

　実際にこの方法を用いて、新規開拓につなげた金融機関の例があります。D社は光学用周辺部品のメーカーです。カメラレンズを固定するための外装部品を真円に仕上げる技術はピカイチで、渉外担当者も何とか新規取引を始めたいと訪問を重ねていました。

　しかし、金融機関との取引も借手優位の状況で、まったく食い込んでいくことができません。そのような時、担当者は唯一当社から取得できた「会社パンフレット」を見て、ある事実に気が付きました。それは、企業規模の割に、記載されている工作機械の数がやたらと多いこと。パンフレットの「当社の機械設備」欄に、精密平面研削盤や放電加工機といった工作機械が何十台と並んでいます。

　「D社の生命線は技術力。設備更新は頻繁に行われるだろうが、すべての機械が現役で稼働しているとは考えづらい。老朽化した機械が処分されないまま工場の中に残されているのではないか」。担当者はこの仮説を持って、経営者にアプローチしました。「社長、もしかして中古機械の処分にお困りではないですか。リース会社をご紹介しますので、買取を依頼してみてはいかがでしょうか」。

　渉外担当者はリース会社を伴って工場を見学し、機械設備を実

> 査することになりました。その結果、高額ではありませんが数台の機械を買い取る契約が成立しました。経営者は大いに喜び「処分コストがかからないことは、当社にとって利益が増えたのと同じ。しかも空いたスペースに、新しい機械を設置することもできる」と感謝してくれました。

　このソリューションの提供によって、次回の設備更新時に融資対応できる可能性がグンと高まったと思いませんか。渉外担当者は既に工場の見学を終えており、経営者からの信頼も獲得できています。おそらく他行庫との金利競争に巻き込まれることなく、適正な金利で融資提案ができるでしょう。

　もしリース会社を直接紹介できなくても、多くの場合、ホームページに買取相談窓口を設けていますから問い合わせすることが可能です。また、金融機関によっては関連会社にリース会社を持っていると思います。単独で買取サービスを行っていなくても、大手と提携していれば対応が可能かもしれません。一度、関連リース会社に確認してみる価値はあるでしょう。

　なお、本稿では製造業の工作機械に絞って解説しましたが、そのほかにも医療機器やフォークリフトなど様々な物件が対象となりますので、併せてチェックしておきましょう。

(3) 開発力・生産力の増強

　「現状維持は衰退の始まりである」という経営格言がありますが、企業がさらに上のステージに登るために必要なのが開発力です。言葉からはバイオや医薬に携わる先進企業のみをイメージするかもしれませんが、そのようなことはありません。

①開発力をサポートする意義

　工作機械や精密機器などの部品を製造する生産財メーカーはもちろん、私たちの身の回りにある日用品や加工食品を生産する消費財メーカー、おいしい食事を提供する飲食店、土木業や建設業、魚貝類の養殖業や牧畜業にいたるまで、企業を繁栄させるための開発に余念がありません。

　昔から同じ商品、技術だけで商売してきたという企業は稀です。やはり改良改善を重ねてきた企業だけが生き残ってきた訳ですから、開発力は企業経営の源と言えるでしょう。したがって金融機関がこの分野のソリューションを提供していくことは当然の行為なのです。

　しかし、研究成果についてアドバイスする、開発計画を一緒に練ることが必要だなどと難しく考える必要はありません。専門的な知識がなくても、熱意と工夫と行動力さえあれば、営業店の渉外担当者たった一人で十分に商品開発・研究開発のサポートが可能ですから、以下で解説していきます。

　開発の成否は、後から振り返ってみれば企業が大きく発展したターニングポイントとなっていた、というケースが少なくありません。経営者に「あの時、○○銀行さんが親身になって対応してくれたから、今の我が社がある」と感謝していただけるよう積極的に関与していきたいものです。

開発の成否は企業が発展する際のターニングポイント

②生産力に対するソリューション提供

一方、生産力の増強も中小企業にとって重要な経営課題です。大手企業などと商談をするにあたり、成約へのネックとなりやすいのが価格とロットに関する対応力です。生産力はこの２つに大きく関わっています。具体的には、生産の効率を上げることで提供価格を低く抑えることができますし、製品のロス率を下げることで大口のロットにも対応できるようになります。企業によっては優秀な外注先を確保することで生産力を上げようとするケースもあるでしょう。

金融機関としては、機械や設備の補強ばかりを提案するのではなく、取引先にとって何がもっとも有効な生産力強化につながるかを念頭に置いて、様々な角度からソリューションを提供しましょう。

③営業店職員による商品モニターの実施提案例〈開発力の増強〉

もし読者の皆さんが次のような取引先の担当者だったら、どのようなソリューションを提案するでしょうか。

E社は明治時代創業の和菓子店です。職人でもある社長は五代目で、地元を中心に季節の和菓子が好評を博していました。ところが駅前の再開発に伴い、お店周辺の環境が激変。オシャレな洋服店やカフェが乱立し、若者やファミリーの姿が目立つようになりました。そこで社長は新しい顧客を獲得するために、定番の和菓子に代わる次の一手としてプリンの製作に着手しました。みたらし団子のたれをカラメルに応用し、和菓子で培った技術を洋菓子でも発揮しようとしたのです。試行錯誤の末、この「みたらしプリン」は何とか試作品まで完成しましたが、いかんせん和菓子とは勝手が違うために社長は味の最終調整や価格の決定に悩んでしまい、販売をためらっています。

この案件は商品開発に関するものです。ここで「ソリューションとはビ

ジネスマッチングであり、ビジネスマッチングとは売買の仲介である」などと四角四面に考えていては、取引先に何の解決策も提示できません。本書で何度も述べているとおり、ソリューションは自由な発想から生まれるものです。楽しんで考えないと損なのです。

　それではこのようなソリューションはどうでしょうか。営業店の職員をモニターに仕立て、みたらしプリンの品評を行うのです。具体的な方法としては、まず社長と一緒に消費者にヒアリングしたい項目を洗い出し、アンケート用紙にまとめます。「普段プリンをどのような時に食べますか」「商品の見た目についてどう思いますか」「実際に食べた感想を教えてください」「このプリンがいくらなら購入しようと思いますか」「あったらいいなと思う味は何ですか」など。

　次に渉外担当者が、このアンケートをプリンの試作品と共に営業店に持ち帰り、老若男女問わずすべての職員にモニター調査を実施します。職員はプリンを見たり食べたりして忌憚のない感想をアンケート用紙に記入します。性別と年齢を書く欄も設けたので、セグメント別の集計も可能です。

　担当者は営業店の職員約20名分のアンケートを取りまとめ、社長に手渡します。「これが消費者の声です！商品の改良に活かしてください」。新商品の開発に不安を感じる経営者にとって、これ以上の側面支援があるでしょうか。もちろん、アンケートは好意的な意見ばかりではありません。しかし、厳しい意見こそが本当の消費者ニーズであり、商品改良のポイントなのです。金融機関だからこそ、営業店の人員を活用することでマーケティング調査を実施し、取引先の新商品開発のお手伝いができたのです。

　おそらく、この和菓子屋の社長が20年、30年後に自社の歴史を振り返ったとき、ターニングポイントとなったのはあのプリン製作に挑戦した時だ、と思うことでしょう。その時に金融機関が開発に関与できたか否かは、その後の取引振りに大きな影響を与えているはずです。

④専門学校との産学連携提案〈開発力の増強〉

　中小企業が他者と連携して商品開発・技術開発を行う場合、パートナーとしての相手方は企業に限るものではありません。産学連携という言葉があるとおり、大学などと共同研究を行って新しいものを作り出す試みが珍しいことではなくなりました。

　しかしながら、大学との連携には学術教育機関ならではの難点もあるようです。実際に経営者から聞いた例としてまず挙げられるのが、大学教授との連携の難しさです。産学連携と言っても、大学の事務局と共同研究するのではなく大学教授個人との共同研究になります。教授はあくまでも研究者なので、研究の成果が商取引で利益が出るかどうかについてはあまり関心のないことが多く、この点で中小企業の意識と乖離が生まれてしまいます。

　また、スピード感の違いも問題になりやすいようです。大学教授が多忙なのに加えて、大学の予算は年度ごとに計上されるため、タイミングによっては次の予算が決定するまで研究は一時休止という事態にもなりかねないのです。一刻も早く開発を成功させたい中小企業の想いとはズレが生じてしまいます。

　誤解のないように申し添えておきますが、筆者は大学との連携がデメリットばかりだと言いたい訳ではありません。中小企業は連携する際の負担も考慮した上で、判断したほうがよいということです。

　そこで中小企業のニーズに適う連携の相手先として紹介したいのが、専門学校です。産学連携は大学と取り組まねばならない、というルールはどこにもありません。むしろ社会生活の中で実際に役立つ学問「実学」を標榜している専門学校のほうが、中小企業と呼吸が合うケースが多いように思います。ちなみに、文部科学省の統計によると全国にある大学の数は約780校、対して専門学校の数は約2,800校に及びます。

実学を掲げる専門学校は産学連携のパートナーにぴったり

　地域金融機関の中には、地元の有名大学と包括連携協定を結び、産学連携をコーディネートする体制を整えているところもありますが、もっと視野を広くして様々な学問領域のある専門学校とこそ連携体制を築いたほうが 取引先へのソリューション提供に役立つかもしれません。担当者レベルでも堂々と「産学連携に関する案件があるのですが」と専門学校にアプローチするとよいでしょう。

実例

　渉外担当者の発案で小さな弁当屋が専門学校と産学連携し、新商品を世に送り出した事例を紹介しましょう。F社は地域に複数の店舗を構える、弁当専門のいわゆる中食業者でした。近隣への宅配も行っている便利な「町の弁当屋」として相応に知名度を有していましたが、近年はコンビニエンスストアのドミナント出店や牛丼チェーン店の値下げ戦略にさらされ、競争環境は激化していました。社長の一番の悩みはこれら他店と差別化できる新メニューの開発でした。当初は大学との連携を望んでいましたが、県内に栄養や健康に関する研究をしている大学はありませんでした。
　そこで担当者は地元にある調理専門学校との連携を提案。次の

> ような事業を実施することになりました。①コンペ形式で専門学校生にメニューを提案してもらい、上位三者を表彰する。②採用したメニューは実際に全店舗で販売する。その際、専門学校とのコラボメニューであることをパッケージに記載する。
>
> 　専門学校生も入賞すれば自分のメニューが販売されるとあって、熱心に取り組んでくれました。その結果、栄養面に優れていながら、若者ならではの尖がったアイデアが多数集まりました。F社にとっては他店にはないメニューを獲得でき、専門学校にとっては座学では得られない実践的な学びの場を生徒に提供できた、まさにWIN-WINの産学連携が実現した訳です。

　産学連携を理系の最先端大学と行うものと決めつけるのはナンセンスです。化粧品メーカーのパッケージをデザイン学校が制作したり、寝具メーカーが自社の商品に福祉専門学校のノウハウを取り入れたりと、中小企業が専門学校を活用した例は他にもたくさんあります。

⑤公設試験研究機関の活用提案〈開発力の増強〉

　本書ではソリューションを提供するためには、公的機関を紹介することが有効な手段になると何度も述べてきました。対応するのが難しい経営課題を金融機関の中でお手玉しているよりも、公的支援機関につないだほうが専門的な解決策を得られる可能性が高いですし、スピーディーな対応が期待できます。

　さて本項で取り上げている、開発力・生産力の増強についても便利に活用できる公的機関が存在します。それが公設試験研究機関（略称：公設試）です。

　公設試は都道府県や政令指定都市がそれぞれ設置しており、主に製造業を支援の対象にしています。多くの公設試は100年近くの歴史を持ってい

て、地域の産業を下支えしてきた存在と言えるでしょう。

　とかく製造業の支援となると、金融機関の渉外担当者はとたんに動きが鈍くなってしまいます。「歩留まり、段取り替えなど業界の専門用語が分からない」、「工場の生産性についてアドバイスができない」、「そもそも何を作っているのか分からない」という文系担当者の悩みは少なくないでしょう。このような時に丸投げできる、と言うと表現は悪いですが、ゼロ回答をしないために、公設試を紹介するとよいでしょう。

　公設試の支援の幅は極めて広いです。製造プロセスや品質の改善、不良品が出る原因の調査など、一般的な技術相談に乗ってくれるのはもちろん、最新鋭の機器設備を利用できるだけでなく、各種の分析試験の受託までしてくれます。

　まず、機器の利用についてですが、これは使わないと損だと言い切れます。公設試は中小企業の製品製造に役立つ様々な機械を保有しています。例えば、光学顕微鏡、蛍光Ｘ線分析装置、非接触三次元デジタイザーなど。購入するとビックリするほど高額なこれらの機器を格安で使用することができます。日常的に活用するのには適していませんが、新しく製品を開発する際や改良を加えたいときなど、一時的に必要となる場合に便利な支援サービスです。

　また、各種試験や分析を受託してくれるのも頼れる支援事業です。原材料や試作品の成分分析、品質評価、性能試験など広く対応してくれる上に、報告書を発行してくれます。例えば新製品の性能試験を公設試にお願いして、その性能の高さが証明されれば強力なエビデンスとなります。販売先の開拓もスムーズに進むはずです。

　余談ですが、全国各地の公設試にはそれぞれ得意分野があります。例えば、京都の公設試は西陣織などの支援経験から染織に強く、奈良は漢方薬の影響で化学に強い、といった具合です。地場産業と密接に関わっている

ので、読者の皆さんも地元の公設試を調べてみると面白いでしょう。

実例

　ある金融機関の取引先に、宝石を微粒子まで粉砕し、それを化粧品に練り込む技術を持った化粧品メーカーG社がありました。宝石の輝きがラメ効果を出すという点に特長があり、ドラッグストアや量販店で販売されていました。社長はこの宝石シリーズをさらに展開しようと考え、女性に人気のあるピンクトルマリンに目を付けました。まずは結晶構造の分析と試作品ができあがった段階での品質評価試験を受けたいと金融機関に語ったところ、渉外担当者から公設試験研究機関の情報がもたらされました。

　社長は「正直なところ、このような専門的な相談をしても銀行さんには解決できないと思っていた」と話されましたが、よい意味で期待を裏切る結果となった事例です。

---

⑥刑務作業への外注提案〈生産力の増強〉

　中小企業には生産力を増強させる１つの方法として、外注先を確保したいというニーズがあります。せっかく受注件数が増えても、自社の生産能力で対処しきれないのでは本末転倒になってしまいますから、協力してくれる企業をあらかじめ見つけておくことで機会損失を防ごうという狙いがここにはあります。

　しかし、この外注先とのマッチングが金融機関の渉外担当者にとってはなかなか難しいのも事実です。当然のことながら、取引先が求める外注先というのは、自社の仕事の一部を責任を持ってやり遂げてくれる企業ということになりますが、納期や品質に対する誠実さを第三者が目利きすることは困難です。

工場の生産設備やコストも重要な要素になります。しかも、外注先の候補は取引先の同業者にあたるケースも多いので、競合していたら除外しなければならず、両社の事業内容を深く理解している必要があります。

実例

　デザイナー兼職人の社長が創業した、家具メーカーH社がありました。国産木、国内加工にこだわっており、杉などは原木のまま仕入れることもあります。上品なデザインが人気を集め、インテリア雑誌などでも度々紹介されていますが、旺盛な需要に十分対応できていないことが社長の悩みです。何種類かのパーツに分けた木材の下地研磨と塗装をやってくれる外注先を探していますが、見つけられずにいました。

　外注先マッチングのポイントとなるのは、仕事を受ける側にとってもメリットがないと成立しないことです。本件のように、作業内容に特別な技術力は必要ないけれども、一定の労働力と工数のかかる仕事は敬遠されがちです。

　そこでソリューションとして情報提供できるのが、利益を度外視して仕事を受けてくれる便利な存在、刑務作業です。

　刑務作業とは文字どおり、刑務所に収監されている受刑者が行う作業のことです。法務省によれば全国77カ所の刑事施設で実施されており、地域によって業務内容が異なるものの、木工・印刷・縫製・金属加工などの作業を発注することができます。

　渉外担当者は、木材加工の仕事を刑務所に外注できるという情報提供を行い、そのメリットについても丁寧に説明しました。結果として経営者も「ものは試しだ」ということで外注することを決断しました。

　刑務作業を発注するメリットは大きく分けて3つあります。1つ目が、

刑務作業の活用は、受刑者の社会復帰を促すという社会貢献にもなる

格段に外注コストを抑えられることです。国の事業として行われているので、賃金以外に経費がかかりません。2つ目が、常時一定の労働力を確保できることです。民間企業に発注する場合、発注先の事情によって仕事が滞り納品が遅れてしまうリスクがありますが、刑務所にはその心配がありません。一定数以上の受刑者が作業を行うため、期日に間に合わせることが可能なのです。3つ目は、刑務所には受刑者に対する技術指導のため、全国で約600名の専門職員が配属されていることです。仕事のクオリティも決して低くはないのです。

　法務省の統計では、刑務作業を活用している企業は全国で約2,300社だそうです。上述の家具メーカーも加工を任せることになりましたが、まだまだ一般的に活用されている手法だとは言えません。

　しかし、だからこそ情報提供の価値があると言えるでしょう。他行庫と同じようなソリューションを提供していては差をつけることはできません。一見すると突拍子もないアドバイスが企業の活路を開くこともあるのです。

(4) 販売促進活動の強化

①発信力のなさをカバー

　技術力や開発力、販売力やマンパワーにおいても大企業に引けを取らな

い中小企業は世の中にたくさんあります。しかし、おしなべて多くの中小企業の弱みとなっているのが、発信力のなさでしょう。つまり、自社の商品やサービスを社会に広く知らしめていく力が欠如している状態なのです。その証拠に、営業部や開発部といった部署はあっても、広報部を設置している中小企業はほとんどないと思います。

　以前、販売促進が専門の雑誌編集者の方とお話ししたのですが、彼は「世の中に知られていないということは、存在しないのと同じですよ」と言っていました。ずいぶん極端なことを言うなぁとその時は思ったのですが、今では一理あると思っています。

　なぜなら、せっかく中小企業が優れた新商品を製造したり、技術を開発したりしても、社会に認められなければ、いえ、その前に知られなければ引き合いが来ることはありません。どれほど素晴らしい物であっても、人知れず潰えていってしまうかもしれないのです。

　マーケティング理論の中に、プッシュ戦略とプル戦略という考え方があります。プッシュ戦略は文字どおり押して押して押しまくって顧客に商品を購入してもらう方法です。営業マンや資金を投下し、積極的に売り込みを行うイメージです。一方プル戦略は広告などを活用し、顧客を商品の側に引き寄せる戦略です。商品に新規性があったり、他社と差別化できていれば、商品を顧客に訴求することが効果的にできます。いずれの手法が優れているという訳ではありませんが、中小企業にとって重要なのは商品の開発と同時並行で、商品の売り方も考慮しておかなければならないことです。

　ところが、今まで金融機関はこの分野の支援、つまり中小企業の販売促進に関する課題にまるで向き合ってこなかったと言えるでしょう。金融機関が商品の売り方まで関与する必要はないだろうという意識があったのか、そもそも渉外担当者がこういった経営課題をキャッチアップしてこなかっ

たのかは分かりませんが、多くの経営者は販売促進の支援を金融機関にあまり期待していません。

しかし見方を変えれば、だからこそチャンスだとも言えます。今まで支援してこなかったのなら、これから支援していけばいいのです。期待感が薄いぶん、的確なソリューションを提供できれば経営者からの信頼獲得は間違いありません。

②マスコミへのプレスリリース提案

なるべく広告宣伝費をかけることなく、新商品を社会に広くPRしたいと願う経営者は多いことでしょう。中小企業が新商品を生産する場合、資金を開発につぎ込んでしまい、ようやく完成した新商品をプロモーションしていく余裕がなくなるというケースは枚挙にいとまがありません。上述したように「商品がついに完成した！ めでたし、めでたし」で終わっては意味がありませんから、手間と費用をかけずにうまく販売促進をしていく方法をアドバイスしていきましょう。

ソリューション提供をビジネスマッチングという側面のみで捉えてしまうと、「新商品をPRするためにウェブサイトの制作会社をマッチングしよう」、「チラシのポスティング業者を紹介しよう」、「大きなアドバルーンを持っている広告代理店ではどうだろうか」、などと考え込んでしまいます。経営者にゼロ回答していない点では合格点なのですが、広く社会にPRするという点では少し力不足のような気がします。

やはり社会への訴求となれば、マスコミを使うことに及ぶ方法はありません。新聞記者や雑誌の編集者を直接紹介できなくても、プレスリリースをすることでマスコミに情報を届けることが可能です。

ここでポイントになるのが、広告と広報は似て非なるものだ、ということです。広告は新聞などの媒体にお金を払って情報を掲載してもらいます。

　一方、プレスリリースをはじめとする広報はお金を支払いません。新聞記者に興味を持ってもらい、あくまで記事として情報を掲載してもらいます。

　プレスリリースは手間もかかりません。金屏風の前でマイクを握って商品説明をするのではなくて、Ａ４用紙一枚で実施することができます。会社の概要、リリースする商品やサービスの内容、開発時の苦労、今後の目標などを紙にまとめるだけです。

　そして、いよいよ新聞社に情報を送ります。どの部署にどうやって送ればいいのか迷う必要はありません。実は、多くの新聞社は発行している新聞の中に「情報募集の記事」を掲載しています。全国紙も地方紙もこれにはほぼ例外はありません。例えば日本経済新聞には「社会面に情報を（FAX番号と電子メールの連絡先）」、大阪日日新聞には「情報はこちらへ（電話番号と電子メールの連絡先）」などの記事が見られます。ご丁寧に連絡先が示されているので、臆することなくそこにリリースすればよいのです。

　中小企業の中には、マスコミを使うのは敷居が高い、もしくはマスコミは何となく怖い、などと考えている経営者も多いようです。しかしマスコミ側が情報を求めているのですから、金融機関は経営者の背中を押して、存分に活用するよう促せばよいのです。

第3章 ソリューション営業の実践

実例

　プレスリリースを実施したことで芋づる式にマスコミからの取材を受けた企業の例を紹介します。I社は金属の加工業者ですが、経営者は加工だけではなく完成品を製造したいという願いを長年持っていました。そして試行錯誤の上、開発したのが溶解式シュレッダーでした。私たちが普段使用している裁断式シュレッダーとは異なり、紙を刃物で切り刻むのではなく、水で溶かして処理することに特長があります。いったん紙がドロドロに溶けた状態になり、その後圧縮され最終的に直径10センチ程の円柱形パルプとなって排出されます。機密保持性が高く、環境にも優しいという素晴らしい製品です。

　経営者は自信の製品を何とか社会にPRしていきたいと悩んでいましたが、ある金融機関がプレスリリースの実施を提案したことで、製品は世に広く知られていくことになります。まず、リリースを送った大手新聞の記者が囲み記事で取り上げてくれました。次にウェブニュースがその記事をニュースサイトに転載してくれました。さらに今度は地元のコミュニティ誌が取材に来てくれました。経営者は新聞記事を切り抜いて神棚に供えるほど、大喜びしてくれました。しかも記事を見た複数の会社から溶解式シュレッダーの購入申し込みが舞い込んだそうです。

　製品の知名度は上がり、うまく販売にもつなげることができました。仮に同じ数の媒体に広告を出したとしたら、何千万円もの宣伝費が必要になったことでしょう。I社と金融機関との良好な関係が今も続いていることは言うまでもありません。

---

③営業店職員によるキャッチコピー作成提案

　J社は地元で収穫される桃や葡萄を加工し、ジュースやジャムに加工している食品メーカーです。特に当社の主力商品である桃ジャムは、発売か

ら25年が経過しているロングセラー商品です。ところが最近は東南アジア諸国の生産技術も向上し、品質が高く廉価な輸入ジャムが流通するようになってきました。当社の桃ジャムもライバル商品に押され、以前と比較して売れ行きが芳しくありません。経営者は何とか商品のテコ入れを行い、売上を確保していきたいと考えていますが、さて金融機関としてどのようなお手伝いができるでしょうか。

　まず商品改良に関するサポートができますね。前述のとおり（83～84頁参照）、味や価格について営業店で意見を出し合うのもいいですし、もっと本格的に味を変更するのなら、管理栄養士を養成している学校とコラボレーションしたり、農業分野の公的機関と連携するのも面白いかもしれません。

　問題は販売促進活動です。ピンと来られる方も多いと思いますが、本件はプレスリリースをしても記事として掲載される確率があまり高くありません。商品改良にストーリー性があれば別ですが、現状のジャムについて「ロングセラー商品です」、とリリースしたところでニュースのネタとしては弱いのです。

　では、消費者に直接プロモーションする作戦を取ってみてはどうでしょうか。消費者にもっとも近いところにある販売促進ツールはキャッチコピーです。コピーは商品が陳列されている棚にポップ（POP：Point Of Purchase）として掲げてあったり、商品自体にプリントされています。「やめられない、とまらない」のスナック菓子、「すぐおいしい、すごくおいしい」の即席麺のフレーズは皆さんもよくご存じでしょう。

　キャッチコピーは大手企業だけのものではありません。これらのような印象に残るコピーを中小企業も作ればいいのです。金融機関としては、この作成のお手伝いができます。商品の特長を簡潔かつインパクトのある言葉で表現します。「もぎたてのジャムを食卓に」「桃より甘い桃ジャムで

第3章　ソリューション営業の実践

取引先のキャッチコピー作りは、事業内容をよく知る金融機関ならではのソリューション

Good Morning」「桃栗３年、我が社の桃ジャム25年」――など。10名の職員がいる営業店で、一人につき３個コピーを考えれば、それだけで30個になります。担当者はもちろん、支店長やテラーの女性職員にも考えてもらうことがポイントです。年齢や性別の異なる人間が考えることで、様々なスタイルのコピーができるはずです。30個の中から経営者に、最もしっくりくるコピーを選んでもらえば商品コピーのできあがりです。このコピーは店頭ポップの他にも、百貨店やスーパーなどでの催事にも使用できますし、後述する展示会出展の際にもPRツールとして存分に活用できます。

また、経営者が喜んでくれれば、まったく同じ手法で会社のキャッチコピーも作ることができます。取引先の事業を深く知ることのできる金融機関だからこそ提供可能なソリューションだと言えます。こちらは会社案内パンフレットやホームページなどに使用できるでしょう。コピーが名刺に印刷されるなどしたら、私たちのほうが感動してしまいそうですね。

④動画活用による販促提案

　販路拡大や技術パートナー獲得のきっかけ作りに、金融機関が展示商談会を開催するのが当たり前の光景になりました。地方銀行や信用金庫が地元の商工会議所や支援機関と連携して行うものは、地域活性化にも役立つ一大イベントに成長している例もあります。

しかし、営業店の渉外担当者の皆さんはこの機会をしっかり活かせているでしょうか。本部から店に割り当てられた出展企業数を確保するために四苦八苦。社長から応諾を得られれば、後はほったらかし。マッチングの準備も不十分なまま、気が付けばイベント当日という状態になっている担当者もいるのではないでしょうか。

　展示会は取引先にとって絶好の販売促進の機会になります。大勢の来場客に向けて商品を大々的にPRできる場だからです。したがって、当日までの準備期間は取引先から信頼を得るための貴重な時間となります。出展の応諾をもらってからが勝負。特に初めて出展する中小企業へは一層手厚いフォローが必要となるでしょう。

　K社は鉄・アルミなどの曲げ加工を得意とする金属加工業者です。極小曲げから異形曲げまで、あらゆるオーダーに対応できる高性能の工作機械と、熟練の職人による丁寧な仕上げが強みです。華やかさはありませんが技術力の高さには定評があり、電車や医療機器の内部に当社の部品が広く使われています。今回金融機関の勧めで、初めて展示会に出展することになりました。しかし、自社の技術力をどうやってPRしたら良いのか見当がつきません。まさか金属の曲げ加工を展示会場で実演する訳にもいかないし、と経営者は頭を悩ませています。

　本件に限らず、実は製造業が出展する際にもっとも苦慮しているのは、自社の技術力をいかに宣伝するかです。完成品を生産している場合は別として、中小企業の多くは素材の加工を生業としているので、目に見える形でPRすることが難しいのです。パネルを壁に吊るしたり、加工後の製品を展示したりすることはできますが、技術の強みを伝えるにはインパクトに欠けます。

　そこで提案したいのが「動画の活用」です。自社の加工工程をビデオで撮影し、展示会の当日にブース内で映像を流すのです。この方法を使えば

技術の実演をしているのと同じことになります。撮影を難しく考える必要はありません。今やスマートフォンでも高画質の動画を撮影できますし、YouTubeなどへの投稿も非常に簡単にできます。もしもこの取引先が取引歴の浅い会社であれば、動画撮影にかこつけて工場見学を申し出るのも良いでしょう。せっかく展示会でのPRという共通の目標があるのだから、課題も共有し伴走することで絆は強くなります。

　また、撮影した動画が活躍するのは展示会の時だけではありません。自社のホームページに掲載すると、さらなる効果を発揮します。上述のK社の例ですが、金属加工の内容をアップしたところ就職希望者が2倍に増えました。仕事をイメージしやすかったことが要因です。おかげで優秀な人材を確保できました。

　商談の際に有効活用している企業もあります。初回の面談で自社紹介に動画を見せれば、内容を深く理解してくれ、その後の打合せもスムーズに運ぶそうです。手間も費用もかかりませんが、使いどころの多い動画の活用。ぜひ経営者に提案してください。

⑤SNSへの取組み提案

　今や個人でも気軽に情報発信できる世の中になりました。ブログ、フェイスブック、ツイッターといったSNS（ソーシャル・ネットワーキング・サービス）を読者の皆さんも利用しているかもしれませんね。SNSとは人同士のつながりを電子化するサービスで、アカウントさえ取得すれば誰でも参加することができます。ホームページを作成するよりも、はるかに簡単に情報発信ができるようになることがメリットです。

　費用も手間もかからないという点で、実はSNSは中小企業に打って付けの販売促進ツールなのです。年配の経営者の中には、SNSはもちろんインターネットに対しても苦手意識を持っている方もいるでしょうが、金融機

関が背中を押して挑戦するきっかけを作ろうではありませんか。若い渉外担当者のほうがこの分野では先輩です。日頃、業界のことや会社のことを教えていただいている恩返しだと思って、手取り足取りレクチャーして差し上げてもいいかもしれません。

実例

　　L社は地元では人気のうどん屋です。業歴は長く、なじみの常連客もいます。ところが、幹線道路を挟んだ向かい側に新しくショッピングモールがオープンし、その中にある大きなフードコートには、ハンバーガーやパスタ、かつ丼やうどんを提供する店が現れました。今まで休日は家族客で賑わっていたうどん屋は大打撃を受けました。
　　このような状況下で渉外担当者は経営者にSNSにチャレンジすることを提案しました。最初は半信半疑で取り組んでいた経営者も、ネット上で人とのつながりが増えるにつれ面白味を感じたらしく、様々な情報を発信するようになりました。「徳島産のすだちを使った、ぶっかけうどん新登場！」「フェイスブックで『いいね』を押してくれたらゆで卵サービス」など、ほとんど毎日情報を更新するようになったのです。その甲斐あって、地元住民だけでなく遠方からのお客さんも徐々に増え始め、今では以前よりも活気のあるお店に生まれ変わりました。

　　SNSの醍醐味は人とのつながりの中で、情報がどんどん伝播していくことです。発信した1つの情報が何百何千人に読まれていきます。ネット上での口コミが誘客につながっていくのです。
　　余談ですが、何かに関する情報が欲しい時、どうすれば幅広く情報収集できるかご存知でしょうか。答えは情報発信することです。収集したいの

に発信するとはどういうことだ、と思われるかもしれませんが、自分一人で取得できる情報はたかが知れていると思いませんか。周りの人たちからもたらされる情報のほうが、はるかに多様で有用なのです。

例えば「マラソンを始めた」という情報を発信すれば、周囲から「いいランニングシューズがあるよ」、「地元でハーフマラソンの大会が行われるらしいよ」などと様々な情報が舞い込むでしょう。

どのようなソリューションを提供しようかと考える時も同じです。「販路拡大に課題を持っている水産加工業者がいる」と発信すれば、同僚や僚店、本部からそれぞれ角度の違った情報がもたらされるでしょう。幅広い情報が欲しい時には、まず発信することを心がけてみましょう。

(5) 人材の活用

①成長企業の経営課題上位3つは全て「人材」

中小企業庁が毎年発行している中小企業白書を見ますと、景気の浮沈にかかわらず、大変多くの中小企業が直面している経営課題が人材の確保に関するものだと分かります。2015年度版の白書では多くの項を割いて「中小企業・小規模事業者における人材の確保・育成」に関する調査をしています。これを見ますと「事業の拡大・維持を志向する企業の抱える経営課

中小企業の人材に関する課題は根深い

題」として10項目の課題がランキングされていますが、実に上位3項目は全て人材にかかわるものです。1位「求める質の人材がいない」、2位「人材の数が足りない」、3位「社内人材の教育育成」という結果です。

金融機関が持っている課題認識とは大きく異なる内容ではないでしょうか。渉外担当者の皆さんがヒアリングしてくるニーズで多いものは、販路開拓、コスト削減が中心だと思いますが、実は中長期的に事業発展を企図している経営者の一番の悩みは人材に関する課題なのです。

筆者は渉外担当者のキャッチアップ能力が低いと言いたいのではありません。残念ながら、経営者側が人材に関する相談を金融機関にするのはお門違いだと思い込んでいるからだ、と考えています。確かに、法律の関係もあり金融機関が直接取引先に人材を紹介することは原則できません。しかし、公的機関の活用や渉外担当者が自ら工夫して動くことで側面支援は十分可能です。以下では営業店でできる人材ソリューションを紹介していきます。

②人材に対する課題は3つある

さて、中小企業の人材に関する課題は「採用」「育成」「福利厚生」の3つに大別することができます。

まず人材の採用に関するニーズですが、中小企業は自社の将来を担う若い人材を新卒で雇用することが難しいです。学生は自分が見知っている大手企業から面接を受け始めるケースが多く、中小企業は後回しとなってしまいます。そのため十分な人数を採用することができず、結果として従業員の平均年齢も高くなる傾向にあります。この状況は職人個人の技術力に依存している中小製造業にとってもっとも深刻であり、若い人材に技術承継ができないために事業を続けられなくなる場合もあります。

また中途採用についても多くの中小企業は知名度が低いために、ハロー

ワークなどで求人を出すものの、タイミングよく必要な人材を確保することが困難であり、慢性的な人材不足に陥っています。

次に人材の育成に関するニーズですが、中小企業の多くは従業員の能力を高めていくための研修制度を確立できていません。仕事を覚えてもらうためにOJT（オン・ザ・ジョブ・トレーニング）を実施しているものの、体系だった学習や実践プログラムを用意できていないために、十分な能力開発に至っていないのが現状です。

最後に人材への福利厚生に関するニーズですが、中小企業は資本力が弱いために給与以外の経済的保障が整っていません。福利厚生には従業員の勤労意欲や貢献意欲を高める効果もありますから、有能な人材に長く気持ちよく働いてもらうためには取り組まざるを得ない課題です。

③産業雇用安定センターの活用による人材採用提案

地域金融機関によっては本部が主導して人材マッチングに関するイベントを開催するところもあるようです。新しい人材を採用したいという自行庫の取引先に出展してもらい、一方で求職者の来場を促します。会場では出展各社が自社の事業をPRしたり、求職者からの質問に答えます。新卒者、既卒者、UJIターン希望者との接点を作るのに役立つ素晴らしいソリューションです。

しかしながら、中小企業の経営者と会話をしていると「人材が欲しい」という言葉よりも「即戦力が欲しい」という願いをよく伺います。確かに大手企業とは異なり、中小企業には新入社員を一から研修して育てていく余裕がありません。ビジネスマナーや業界の商慣習を教えている時間はなく、できれば明日からバリバリ業務をこなしてほしいというのが、偽らざる気持ちでしょう。

そうであるならば、人材マッチングイベントにおいて、業界の事情に精

通し高いスキルを持った即戦力を採用することがいかに難しいか、よく分かると思います。金融機関は直接人材を紹介できませんから、ここはやはり公的機関の力を借りるのが早道でしょう。

公益財団法人産業雇用安定センターは、中小企業の人材確保のために、愚直なまでに地道な活動を続けてきた公的機関です。このセンターは昭和62年、当時の労働省と経済・産業団体の協力によって設立され、「失業なき労働移動」をめざした出向・移籍の専門機関です。つまり、人材を送出させたい（出向・移籍させたい）企業と、人材を受け入れたい企業のマッチングを行っているのです。

サービスの活用方法はいたってシンプルです。センターを仲人として、まず人材送出企業が送出したい人材の求職情報を登録します。一方で、人材受入企業は求める人物像を登録しておきます。この際特筆すべきは、この両者の情報登録にあたって、参与と呼ばれるアドバイザーが丁寧な聞き取りを行うことです。ネットに登録して「はい終わり」ではなくて人を介した入念な情報の収集が行われます。当然、きめ細かな人材情報はその後のマッチング精度をグンと高める事につながっています。

次に、参与はマッチングしそうな情報同士を掛け合わせます。この段階

産業雇用安定センターの支援メニューは人材問題に対応する極めて有効な手段

でも、情報を提供して「はい終わり」ではなくて、参与が送出・受入双方の企業と面談し、詳細な条件等の整理を行います。その後、出向・移籍対象者に対するカウンセリングを行い、必要に応じて職業訓練や講習などを推奨します。そして面接の際には立ち会うことで両社をフォローし、成約へと導いていくのです。

　これら情報の提供、相談、同行などがすべて無料です。平成27年度の成立件数は8,500件以上。実績も十分です。もしかすると読者の中には「人材を送出したい企業って、そんなに多くいるの？」と思う人がいるかもしれません。イメージしてほしいのが、例えば、一時的な業績不振に陥った大手企業が行う人員整理、後継者不在で廃業せざるを得なくなった中小企業の従業員などです。これらの人材は企業の都合で職を失うことになりますが、もともとの能力は極めて高いはずです。受け入れる側の中小企業にとっても、有為な人材の確保につながる訳です。

実例

　実際の成約例として、医薬や農薬に使用する化学薬品を製造するM社の例があります。ある特殊な硫酸の製造では業界トップのシェアを誇っている優良企業ですが、経理の責任者が高齢を理由に引退したいと、かねてから経営者に訴えていました。経営者も経理業務の後継者が必要であることは認識しており、今までメインバンクからの出向者を受け入れるなど対策を取ってきましたが、なかなか人材が定着してくれません。

　そこで渉外担当者から提案のあった産業雇用安定センターに相談してみることに。経営者は一社に一人担当参与が付くということに、ずいぶん驚いたそうです。その後、参与のきめ細かな対応が奏功し、比較的近い業界である化学繊維メーカーから経理担当者を採用することができました。

担当制を敷いている点において、産業雇用安定センターは金融機関と非常によく似ています。上記の実例は営業店が活躍した例ですが、連携協定を結ぶなど、もっと組織間のつながりを密にしていくとよい公的機関だと思います。

④職能訓練施設の活用による人材採用・育成提案
　中小企業で体系だった研修体制を持っているところは極めて少ないのが現状です。そこでOJTによる業務習得をさせるのですが、教えるほうも忙しい訳です。特にベテラン技術者のノウハウは口で説明するのが困難ですから、最後は「背中から学べ！」などという事を言われて終わってしまうケースも。教わるほうもこれでは無理だと早々に退職。そしてまた企業の採用活動が始まる――、まさに人材不足の悪循環です。
　一部の金融機関では、派遣会社と提携することで「人を紹介してくれる会社を紹介する」という戦略を取っているようですが、紹介料がかかる点で万能の解決方法とは言い難いでしょう。
　そこで、人材の採用と育成を一挙に解決できる「職業能力開発促進センター」についての情報を提供してみましょう。ピンとこない方には愛称の「ポリテクセンター」と言えば分かってもらえるでしょうか。このセンターは日本全国にあり、求職者や在職者を対象にした短期間の職業訓練を行うとともに、訓練を終了した有為の人材を紹介してくれる機関です。つまり、中小企業にとっては、①専門的な職業訓練により社員のスキルを大幅にアップさせることが可能であり、②人材採用のニーズがあれば就業意欲の高い即戦力を紹介してくれる、とても使い勝手のいい公的機関なのです。
　しかも、訓練の種類が豊富です。各県のセンターによって違いはありますが、機械加工技術、溶接技術、ＮＣ加工技術、電子回路技術などの生産

技術分野はもちろん、製品設計や物質の測定訓練まで行っています。実際に旋盤などの工作機械を使っての実践的な訓練なので、習得も早いでしょう。訓練費用も安価。人材紹介に至っては無料で対応してくれます。

> **実例**
>
> 　このポリテクセンターをうまく活用したのが、電気設備工事会社のN社です。中央監視システムや予備電源の設置などを主体に、自動火災報知システムなどの防災設備の工事も得意としています。防災意識の高まりとともに、受注は好調だったのですが、経営者は慢性的な人手不足に悩んでいました。ハローワークに中途採用の情報を出しましたが、応募はゼロ。何とか現状の従業員で仕事を回していましたが、しっかりとした研修をしてこなかったことが仇となり若手社員のスキルがほとんど上がっていません。
> 　このままではせっかくの受注をこなしきれないと諦めかけたところ、金融機関からポリテクセンターの活用を提案され、早速若手社員を研修に出すことにしました。研修を終えて帰ってきた社員は一般的なケーブル配線工事はもちろん、シーケンス制御などの専門的な知識も身に付けていたそうです。大変満足した経営者は、ポリテクセンターの研修修了生を今後ぜひ採用したいと求人票の登録を行いました。

　企業の経営活動に必要な要素が「人・物・金」であると言われて久しいですが、日々の仕事を優先させるあまり、人材の育成がおろそかになっている企業は多くあります。人材に関するソリューション提供は無理だな、と初めから諦めることなく、有用な情報をタイミングよく経営者に渡せるよう日頃から情報収集に努めましょう。

⑤技能検定試験活用の提案

実例

　金融機関と取引先へ同行訪問した際に、金属加工業者O社から次のような相談を受けたことがあります。「実は主要取引先からの受注が徐々に減っているんだ。当社は仕事に手を抜いたことはないし、取引先もうちの技術力は評価しているって言うんだけどね」。O社の主要取引先は大手自動車部品メーカーでしたので、経営者も変に遠慮してしまい、仕事が減っている原因を問いただせずにいたのです。

　原因が分からないと手の打ちようもありませんので、率直に聞いてみようということになり、経営者が主要取引先を訪ねました。その場で先方の調達部長から言われた言葉は衝撃的だったそうです。「今のO社さんの技術力は確かに高いですよ。しかし、これを後何年維持できますか。御社の技術者はみんなご高齢じゃないですか。当社としては、数十年先を見越した調達計画を立てています」。

　実は経営者も技術者の高齢化を気にしてはいたのですが、「再雇用すればいいや」くらいの考えでいたそうです。O社としては技術力を若い世代に引き継いでいく、技術承継が待ったなしの経営課題になりました。早速ベテランの職人と若手を二人一組にしてマンツーマンの指導が始まりました。もちろん一朝一夕に技術の引き継ぎはできませんが、世代間のコミュニケーションが密になり技術承継の土台は整いました。

　ところが、先方の調達部長は言うのです。「若い人の技術力が本当にアップしているのか証明してもらわないと、不安はぬぐい切れません」。さすがの経営者もこれには困ってしまいましたが、渉外担当者が技能検定試験の活用を提案したことで、道は開けていきました。

第3章　ソリューション営業の実践

　技能検定試験とは、技術者の有する技能を一定の基準により検定し、国として証明する国家検定制度のことです。昭和34年に実施されて以来、年々内容の充実を図り、平成28年4月時点で112職種について実施されています。合格者は平成26年度までに398万人を超え、確かな技能の証として高く評価されています。

　上記事例の経営者はこの提案を受け、フライス盤作業、平面研削盤作業、マシニングセンタ作業などの各分野で検定試験を受けることを奨励しました。その結果、数人の合格者が出たことで、調達部長にも目に見える形で技術承継の成功を証明できました。経営者も渉外担当者の的確な提案をとても感謝してくれました。

　さて、実はこの案件には裏話があるのです。筆者がO社の若手技術者から後で聞いた話なのですが、当時若手の間には「社長が自分たちの頑張りを正当に評価してくれない」という不満があったそうです。高齢の技術者には高給を払っているのに、自分たちが朝早くから夜遅くまで働いても認めてくれないと。ところが、事情はさておき技能検定の受験が奨励されたことで、経営者の若手を見る目が変わり、合格者には特別ボーナスが支給するようになりました。若手の中にも、合格して社長に認めてもらおうという活気が出たそうです。

　結果として、このソリューションは2つの経営課題を解決していたという訳なのです。

⑥中小企業勤労者福祉サービスセンター活用による福利厚生の充実提案

　これまで人材の採用と育成について見てきましたが、福利厚生の充実も人材を定着させ、活気ある企業にしていくための重要な要素です。

　金融機関に就職するとあまり感じることはないかもしれませんが、大手企業と中小企業の福利厚生に関する格差はかなり大きなものがあります。

例えば大手電機メーカーのホームページを見てみると「家賃補助・財形貯蓄・慶弔金の支給」、「保養所・体育施設・テニスコートの割引利用」、「社員相互の親睦を図る各種行事・旅行の実施」などの文字が並んでいます。家賃補助などは実質的な給与と見ることもできますし、各種施設の割引利用は余暇を充実させ、また月曜から仕事を頑張るぞという活力の源にもなります。

お盆や正月に同級生と集まって勤務先の福利厚生の話になったら、中小企業の従業員は心の中でガックリしてしまうかもしれませんね。中小企業の経営者もそのようなことはよく分かっていて、何とか福利厚生を充実させてあげたいけど資金に余裕はないし、レジャー施設との提携の仕方もよく分からない、というのが本音ではないでしょうか。

そこで福利厚生のソリューションとして提案できるのが、中小企業勤労者福祉サービスセンターの活用です。このセンターは厚生労働省の福祉推進事業に基づき、市区町村を単位に設立された団体です。「中小企業単独では実施が困難な福利厚生について、地域の中小企業勤労者と事業主が共同し、そのスケールメリットを利用して総合的な福祉事業を実施」することをミッションとしています。

例えば島根県が設置したセンターを見てみると「大企業にも負けない充実した福利厚生事業を実施するために設立された」という頼もしい記載があります。内容としては、①健康維持増進事業として各種健診や人間ドックの補助、②慶弔給付事業として永年勤続や結婚、出産など人生の節目に報奨金や祝金の給付、また病気やけが、死亡などの際に見舞金や弔慰金の給付、③リフレッシュ増進事業として旅行ツアーへの割引料金での参加、宿泊・スポーツ・レジャー施設等の割引利用、④自己啓発・その他の事業としてコンサート、演劇チケットの割引購入、また各種イベントやテーブルマナー教室などの実施、などが挙げられています。

必要になる会費は従業員一人につき月額1,000円程度。パートやアルバイトの非正規社員でも入会することができます。しかも税法上、会費は損金または必要経費として処理できるようになっています。

「大手企業並みの福利厚生を導入することで、社員の士気を高めたい」という気概のある経営者、「なかなか給料は上げられないけど、せめて福利厚生は充実させたい」という思いやりのある経営者に、情報提供してみてはいかがでしょうか。

⑦自動販売機設置による福利厚生の充実提案

このソリューションは会社や工場の敷地内に自動販売機を設置して、従業員の福利厚生に役立てるよう提案しよう、というものです。上述の勤労者福祉サービスセンターと比べると、ずいぶんパンチ力の弱い提案だなと思われるかもしれませんが、実は自動販売機には福利厚生以外のシーンでも活躍するポテンシャルがあるのです。

自動販売機の設置は空きスペースの有効活用として一般的に行われている手法です。よく勘違いされるのですが、設置者は一般的に自動販売機を購入することはなく、業者からのレンタルを行います。最近ではレンタル料さえ払わなくて済むケースが多く、業者は飲料の売上のみで利益を確保しています。つまり設置者はイニシャルコストをまったくかけずに（電気代はかかりますが）自動販売機を設置することができ、従業員に定価よりも安く飲料を提供することが可能になるのです。

さらに万が一の災害が起こって水道などのライフラインが寸断された場合、自動販売機は強力な命綱になってくれます。実際に過去の地震災害においても、水道管が破裂して一時的な避難生活を余儀なくされた場合に、自動販売機内の飲料があったおかげで命が助かったという例は数多くあります。

こういった自然災害や火災などが発生した際に、従業員を守り、損害を最小限にした上で早期に事業復旧するための計画をBCP（事業継続計画）と言います。しっかりと策定するならば、サプライチェーンや物流の二重化や情報のバックアップ、損害を補償するためのルール整備など細かな計画を練る必要がありますが、自動販売機の設置は手間もコストもほとんどかからず、災害対策の入り口としては最適です。

自社のために必死で働いてくれる従業員のために少しでも安い飲料を提供しながら、有事の際にはライフラインの代わりになってくれる自動販売機の設置は一石二鳥の提案なのです。

(6) 事業の海外展開

①海外展開方法は多様

中小企業の海外展開がまったく珍しくない社会になりました、と言っても展開の方法は一言で表せないほど多様です。まず大きく分けて投資と貿易があります。ここでの投資というのは外国の株や債券に資金を投じることではなく、自ら外国に工場を建設したり、営業子会社を設置したりと直接資本を投じる方法です。東南アジアなどの開発途上国では、企業の投資を受け入れるために工業団地などのインフラを整えたり、優遇税制を敷いたりして呼び込みに注力しています。

一方、貿易は直接貿易と間接貿易に分けられます。直接貿易とは、輸出企業と外国企業の間に商社などの仲介者を置かず直接取引を行うスタイルです。メリットは仲介者に支払うマージン（手数料）が発生しないこと、外国企業が欲しがっている商品をダイレクトに聞けるのでニーズを的確につかめることなどが挙げられます。デメリットとしては、そもそも購入してくれる外国企業を自らの力で見つけなければならず、交渉も全て自分で行う必要があることです。

間接貿易は、仲介者を間に置いて行う取引のことです。仲介者には在庫を持ちながら販売活動を行うディストリビューターと、在庫を持つことなく販売が成功した時に報酬を支払うセールスレップがいます。つまり商品の所有権を持つかどうかの違いがある訳です。中小企業は自社商品の特性を考慮し、どちらのスタイルにするか判断しなければなりません。したがって間接貿易のメリットは、販売のプロに任せることができるので取引がスムーズに運びやすいこと、トラブルになった時にしっかりと対処してくれることが挙げられます。デメリットは直接貿易と逆で仲介者へのマージンが必要なことです。

②進出国も多彩に

以上のように海外展開方法も様々ですが、進出国も様々です。ほんの数年前までは、猫も杓子も中国へという時代で、乗り遅れるなとばかりに多くの中小企業が中国を目指しました。ところが、今はどうでしょうか。中国進出の相談は激減し、その代わりに東南アジア、中でもタイやベトナムへの進出が目立っています。おそらく数年のちには同じ東南アジアでも、ラオスやミャンマーにトレンドが移っているのではないでしょうか。中東やアフリカに拠点を持つ企業も増加しているに違いありません。

③公的機関の活用が適切

さて、このような企業によってそれぞれ異なる海外進出のスタイルを、金融機関で全て支援することは極めて困難です。もちろん地域金融機関の中には、海外展開をお手伝いするための専門部署を設けているところもありますが、海外市場のマーケティング調査、外国企業との取引、物流の整備、グローバル人材の育成、トラブル時の対応などのサポートを一手に引き受けることは不可能でしょう。

そこで活用すべきなのが、海外展開の支援に特化した公的機関です。実は国内取引に関する支援機関よりも、海外向けの支援機関は専門性が高く、サポートの内容もはるかに手厚いのが特長なのです。まさに波乗りをするかのように公的機関を乗りこなせば、海外展開のかなりの部分をスムーズに進めることができます。

以下では5つの支援機関のサポートメニューを解説しながら、P社という冷凍タコ焼きの製造業が海外展開を果たすまでのストーリーを紹介します。

④ジェトロのアドバイザー活用提案

独立行政法人日本貿易振興機構（略称：ジェトロ）は海外展開支援の総本山です。専門アドバイザーによる相談対応業務をはじめ、各種セミナーの実施、海外展示会への出展支援、知財保護支援、進出国別のコンサルティングなど、事業は多岐にわたります。海外ビジネスで困ったことがあれば、ここに駆け込めばまず間違いないでしょう。事務所が各都道府県に設置されているのも、地域金融機関にとってはありがたいことです。

さて、冷凍タコ焼き製造業P社の海外展開支援も、ジェトロの門を叩くことから始まりました。日本国内ではお馴染みとなった冷凍タコ焼きですが、今後の人口減少を考えると海外に販路を求めざるを得ないと経営者は

考えています。経済成長が著しく、国民の生活水準も上昇している東南アジアのフィリピンをターゲットにしたいと思っていますが、海外との取引は初めての経験なので、何かと不安がつきまといます。そこで取引金融機関の渉外担当者と、まずはジェトロの「農林水産物・食品輸出相談窓口」に相談することにしました。

相談窓口でヒアリングした内容は、経営者にとって驚くものでした。フィリピン人にタコを食べる習慣はあまりなく、タコ焼きに似た料理としてサムライボールというのがあるけれども、中身は鶏のささ身だと言うのです。見込みが外れたことに経営者は肩を落としていましたが、進出する前にこの事実を知ることができて救われたと言うべきでしょう。

同時に、インドネシアは島国のため日本に似た魚文化があること、親日国であること、日本の約2倍の人口を抱え市場規模が大きいこと、インフラが比較的整っていることも分かりました。経営者はインドネシアを進出予定国にすることにしました。

今後検討が必要となるのは、冷凍タコ焼きをどういった流通経路に乗せるのかです。日本の冷凍タコ焼きは現地で受け入れられるのか、どこでどうやって販売すれば消費者にリーチできるのか。P社と渉外担当者は中小企業基盤整備機構を訪問することにしました。

⑤中小機構の活用による進出国のマーケット調査提案

独立行政法人中小企業基盤整備機構（略称：中小機構）は、ワンストップで中小企業支援メニューを提供している公的機関です。中小企業大学校による人材育成、産業用地の提供やインキュベーション施設の貸与、新事業展開をサポートするためのビジネスマッチングや専門家派遣、共済制度や高度化貸付による資金面でのバックアップなど、中小企業のライフステージや課題に合わせた支援体制を整えています。

もちろん中小企業の海外展開も積極的に支援してくれます。中でも一押し事業は、海外ビジネス戦略推進支援事業の「実現可能性調査支援」です。漢字が多くて難しそうですが、この支援事業は「FS支援」とも呼ばれています。FSとはフィージビリティ・スタディの略なのですが、今度はカタカナが多くて難しそうですね。

　要するに、中小企業のやろうとしている海外展開事業について、本当に実現可能か、採算が取れるかを判断してくれる事業です。そのために中小機構は進出予定国の現地調査に同行してくれます。机上で行われる公的機関のアドバイスも有用ですが、現地に足を運んでくれるサポートは極めて珍しいです。しかも海外ですから、経営者は余計に心強く感じることでしょう。

　さて、P社もこのFS支援の申し込みをすることにしました。中小機構の専門家チームのアドバイスを受けながら、現地で調査すべきことを整理します。インドネシアはイスラム教国家ですから、そもそもタコが宗教的な禁止食品にあたらないか、タコ食材や冷凍食材に関する輸入規制がないか、現地に類似商品はないか、どういった販売方法が適切で売価はいくらが妥当か、などしっかりと準備して現地訪問に臨みました。

　その結果、タコ食材は輸入規制が厳しく許可取得に時間と手間がかかるものの、インドネシア国民は日常的にタコを食べていることが分かり、タコ焼きも受け入れてくれる可能性が高いことが分かりました。さらに、現地のスーパーや流通企業と商談する機会も得られ、いくつかの有力な販売先を獲得することができました。

　渉外担当者には、P社の海外進出が着実に前進しているように見えましたが、実は経営者には悩みがありました。自社商品を展開するにあたり、インドネシアに支社を設置しようと考えているのですが、所長を任せられるグローバル人材がいないのです。そこで、P社と担当者は国際協力機構

を訪問することにしました。

⑥国際協力機構の活用によるグローバル人材の育成提案

　国際協力機構は略称をジャイカと言いますが、ジャイカを知らなくても青年海外協力隊なら耳にしたことのある人も多いでしょう。開発途上国の発展のために汗を流すボランティアに筆者も昔は憧れたものです。

　ジャイカのホームページには、以下のような自己紹介が掲載されています。「ジャイカは日本の政府開発援助（ODA）を一元的に行う実施機関として、開発途上国への国際協力を行っています。『すべての人々が恩恵を受けるダイナミックな開発』というビジョンを掲げ、多様な援助手法のうち最適な手法を使い、地域別・国別アプローチと課題別アプローチを組み合わせて、開発途上国が抱える課題解決を支援していきます」。

　要するに、アジアやアフリカなどの開発途上国に対して、資金面や技術面で援助を行っている公的機関なのです。特に技術協力の場面で先述したボランティアが活躍する訳です。若者を対象とする青年海外協力隊（平均年齢28歳）の他にも、シニア海外ボランティア（平均年齢59歳）という実務経験者向けのコースがあります。活動分野はコンピュータ技術の供与、農業指導、インフラ整備、保健衛生の向上など多岐にわたっています。現地の人々と同じ目線で課題に向き合い、国づくりに奔走する、大変意義深い活動です。

　しかし、それ故に一見すると中小企業との接点がまったくないように思えるのも無理はありません。実際、ボランティアに参加する多くの人が学生やリタイア後のシニアです。ジャイカが帰国者のために進路相談や各種研修を用意しているのも頷けます。

　さて、このような中小企業と縁遠い状況を打破すべくジャイカが2012年に創設した制度が、今回Ｐ社が活用した支援メニューです。

それが「民間連携ボランティア」という、中小企業の社員育成の場として青年海外協力隊を活用できる特別な制度です。この制度の特長は従来の協力隊と異なり、民間企業の要望に応じ、派遣国、職種、派遣期間等を相談しながら決定できるオーダーメイド派遣である点です。今回のように経営者がインドネシアに進出しようと考えている場合、この制度を活用して自社の社員をインドネシアの公的機関に派遣することができます。社員はボランティアを通して語学のみならず、現地でのネットワーク、異文化適応能力、インドネシアの商慣習などビジネスに関する知識とノウハウを身に付けて帰国します。海外進出をするに際して、グローバル人材の育成が可能になるという訳です。しかも、派遣期間中は人件費等の補てんを受けられます。

　Ｐ社はこの制度を利用して、若手社員を約９カ月間インドネシアに派遣しました。外部から新しく人材を採用することなく、自社生え抜きのグローバル人材が誕生したのです。もちろん彼は将来インドネシア支社を任されることになるでしょう。

　さあ、マーケット調査も終わり、販売先も確保でき、将来有望なグローバル人材も揃いました。次はついに商品を出荷する段階ですが、慎重な経営者は思います。「もしも商品を発送した後に外国企業が倒産したらどうしよう」。そこで渉外担当者と一緒に、日本貿易保険を訪ねることにしました。

⑦日本貿易保険の活用によるリスクヘッジ提案

　国内での取引と異なり、海外ビジネスには様々なリスクが付いて回ります。商品輸送中の事故については、損害保険会社の海上保険でカバーできますが、相手先の破産や相手国に起因する外貨送金の遅延など、商取引に関するリスクはコントロールすることが困難です。

第3章　ソリューション営業の実践

　そこで紹介したいのが、独立行政法人日本貿易保険（略称：ネクシー）です。ネクシーは経済産業省が100％出資する独立行政法人で、海外取引先の代金不払いや破産、取引相手国の政情不安や自然災害などにより、売掛債権の回収ができない場合のリスクヘッジをするための各種保険を取り扱っています。つまり「物に対する保険」ではなく、企業が海外ビジネスをする際に最も必要とする「取引に対する保険」を提供している公的機関なのです。

　外国の企業と初めて取引をすることになったＰ社の経営者は海外展開を喜ぶ一方で、商品を大量に出荷することに不安を感じました。ネクシーでは保険商品を一方的に販売するのではなく、経営者から取引の詳細についてヒアリングを行い、最適な保険についての相談に応じてくれます。しかも中小企業に限り、取引相手先の信用調査を８件まで無料で行ってくれます。国内と異なり、外国企業の信用調査は難しいですから、この制度は中小企業にとって心強いものとなるでしょう。

　「中小企業輸出代金保険」を例にとり、契約締結の流れを見ていきましょう。この保険は、初回船積予定日の30日前から船積前日までが保険申込期間となります。申し込み後、ネクシーが保険証券と保険料請求書を発行するので、中小企業は料金を支払います。保険料は条件によって異なりますが、おおむね契約金額の１％なので、安価にリスクヘッジすることが可能です。これにより保険期間は船積日から代金決済日までとなるので、万が一取引先が倒産したり、期限を過ぎても代金の支払いがない場合、ネクシーから所定の保険金が支払われます。

　商品を発送した後に外国の取引先が倒産したり、代金を支払ってくれない場合には、もちろん催促を続けたり、訴訟を起こすこともできるでしょう。しかし、それで回収できる保証はありません。もしうまく回収できたとしても、時間や費用がかかり資金繰りが悪くなってしまう可能性すらあ

ります。P社の経営者も万が一のことを考え、保険に加入することにしました。

これでようやく準備完了です、と言いたいところですが、ジャイカで研修を受けた社員から次のような発言がありました。「社長、外国企業との取引は言語や商慣習の違いから、何かとトラブルになりやすいようです。インドネシアも例外ではないでしょう。トラブルに備えて先手を打っておく必要があると思います」。そこで、最後に日本商事仲裁協会を訪問することにしました。

⑧日本商事仲裁協会の活用による紛争解決提案

本項では海外展開支援をしている公的機関を波乗りするように使いこなしましょう、と述べてきました。中小企業が独力で海外のマーケットを開拓していくことは困難を伴うものですから、外国企業との取引に関する要所要所で支援メニューを準備してくれています。

今回P社が訪れた日本商事仲裁協会は日本商工会議所などが発起人となって設立した組織です。前述のとおり、中小企業の海外展開には様々なトラブルが付き物ですが、この協会はいざトラブルが発生した際に企業間の仲裁をしてくれる、頼れる存在なのです。

仲裁と聞くと、多くの読者が「ケンカの仲直りをさせること」と想像するでしょう。しかし、法律上の仲裁とはこのような意味ではありません。「当事者が紛争の解決を第三者（仲裁人）の判断に委ね、その判断（仲裁判断）に従うという合意（仲裁合意）に基づき紛争を解決する手続き」なのです。仲裁判断には訴訟の確定判決と同一の効果がありますから、要するに仲裁人の判断には文句があろうがなかろうが従うしかないのです。

これは海外ビジネスをする際にとても役に立ちます。なぜなら、①解決までのスピードが速いです。裁判は時間がかかりますが、仲裁は上訴がな

く一審限りなので解決まで時間がかかりません。②仲裁は非公開で行われます。裁判は原則として内容を公開されますが、仲裁は手続きも結果も非公開ですから、企業の信用が守られます。③仲裁人を選ぶことができます。訴訟の場合、当事者は裁判官を選ぶことができませんが、仲裁であれば紛争の内容に詳しい専門家に仲裁人を依頼することができ、納得性のある判断を得ることができます。

中小企業にとっては、人的にも資金的にも国際裁判に挑む余裕はないでしょうから、あらかじめ取引の相手方と「もしトラブルが生じた際には日本商事仲裁協会の仲裁により解決しましょう」と契約に盛り込んでおけば安心です。

実際にP社も協会と相談して作り上げた契約書に、紛争時の仲裁条項を設けました。もちろん、この条項は使われないに越したことはありません。しかし、紛争が起きてしまった際の解決方法が定まっていることで安心して取引を開始することができます。

今回P社が海外展開をするにあたり、5つの支援機関のサポートを受けました。多くのサービスが廉価もしくは無料で提供されていますし、ケースによっては使った費用の何割かを助成してくれる場合もあります。本項で紹介した以外にも、海外で知的財産を守るための機関、現地の外国人労働者を育成するための機関など、様々な支援機関が存在します。

(7) 経営環境の整備

①漠然とした経営者のニーズを捉えた提案を

日本の中小企業を取り巻く経営環境は時々刻々と変化しています。海外経済の浮沈による為替や原油などエネルギー価格の変動、国内では税制の改正や自由競争を促す規制緩和、消費マインドの変化や情報技術の進歩な

経営環境に関する課題は、経営者との会話の中でキャッチアップしていく

ど。中小企業はこのような大きなうねりの中に漂う小さな船のようにも思えます。ただ一方で、その小船を強化するための公的支援制度や各種補助金が整備されてもいます。金融機関はこれらのメニューを経営者に情報提供しつつ、独自のソリューションを提案していかなければなりません。

しかしながら、中小企業の経営環境を整えたいという要望は、キャッチアップするのが難しい経営課題です。なぜなら、販路や人材のようなキーワードがないからです。「経営者は孤独で相談する相手がいないんだ」「私には会社をもっと大きくしたいという夢があるんだよ」などと経営者と会話する中で発見していく必要があります。ともすると、経営者自身も課題として認識していないケースもありますから、キャッチアップした後でしっかりと深掘りしていく姿勢が渉外担当者には求められます。

以下では一見すると漠然としたニーズながら、経営者の意に適ったソリューションを提供する方法を解説します。

②専門家ラウンドテーブルの実施提案

中小企業の経営者ならば誰しも、自信のある製品を大手企業に取り扱ってもらいたいと考えたことがあると思います。取引実績が信用力になり、他社への二次営業もやりやすくなります。誰もが知っている大手企業との

取引は中小企業の宿願であり、野望であり、夢なのです。

　しかし、過去に中小企業庁が実施した「大企業と中小企業との取引の実態等に関する調査」を見ると、どうやらハッピーな取引ばかりではないようです。一部の中小企業は大手企業から買いたたかれたり、返品を受けざるをえなかったり、ひどいケースでは知的財産権の無償譲渡を迫られたりと不利な立場にたたされています。最初の契約時点で既に、都合の悪い条項が盛り込まれていたのかもしれません。

　一度こうした修羅場を経験した中小企業ならば二度と失敗しないでしょうが、初めて大手企業との取引に臨む企業は不安でいっぱいです。何に注意し、どういったステップで進めるべきなのか…。最近の金融機関は大手企業との商談をセッティングすることはできても、その後のフォローが不十分なケースが多いようです。ここでは取引開始段階でソリューションを発揮した事例を紹介します。

実例

　Q社は住宅の床や屋根などに使用される合成樹脂系塗料の製造販売企業です。製品は建材を扱う専門商社に販売しており、地元の工務店などで幅広く利用されています。本業が好調に推移する中で、経営者は新たな事業の柱を打ち立てるべく模索を続けていました。「ニュースで報道されているとおり、橋梁やトンネルの多くは建設されてから50年以上が経過している。老朽化が社会的な問題になっているが、当社の塗料技術を用いて何とか構造物を長持ちさせることはできないだろうか」。根っからの技術屋である経営者はコンクリートの長寿命化に的を絞り、試行錯誤を繰り返しました。そして地道な研究開発の結果、できあがったのがコンクリートに溶剤を染み込ませることで無駄な吸水を防ぐことができるというコーティング製品です。コンクリートの劣化原因

は主に塩害、凍害、アルカリ骨材反応によるもので、これらは水分を吸収することで起きます。先手を打ってコーティングしておきましょう、というのがこの製品のポイントです。

　早速展示会でPRしたところ、ハウスメーカーや高速道路管理会社などから引き合いが寄せられました。中でもQ社の技術を高く評価してくれた大手建設会社とは何度か商談を繰り返し、契約する方向で話が進みました。

　しかし、経営者は大手企業との取引経験がなく慎重にならざるを得ません。契約の進め方を相談しようにも顧問の税理士くらいしか相手がいません。このままでは取引のチャンスを逃してしまう…という時に取引金融機関の渉外担当者がこの状況を察知しました。何とかお役に立ちたいと知恵を絞りましたが、自分は法律の専門家ではないし、契約の前にやるべきことがたくさんあるような気がします。悩んだ末にひらめいたのが、専門家を集めて会議を開くというものでした。当社が大手企業と契約を結ぶためには、やるべき事柄に優先順位をつけ、漏れや間違いを排除する必要があります。戦略的に進めなければ、不利な立場に甘んじている中小企業の仲間入りとなってしまいます。

　渉外担当者は本店調査部の行員、関連会社の総合研究所でコンサルティングに携わっている行員、金融機関と業務提携している弁護士や弁理士、さらには取引先の中から施工会社を経営する社長、大手メーカーとの取引実績が豊富な金属部品会社の社長に声をかけ、一堂に会する機会を作りました。議題は「Q社が大手建設会社と契約するに際し、とるべき行動とは」。司会は渉外担当者が務めました。

　集まったメンバーは初めこそモジモジしていましたが、自分の得意分野に話が及ぶにつれて積極的な議論が交わされるようになっていきました。「インフラ構造物修繕の市場規模は—」「契約書は必ず弁護士のチェックを—」「特許出願をしてからのほうが—」「今一度、商習慣の確認を—」など。全ての発言が経営者にとっては新鮮で、大変参考になったそうです。よく経営者は孤独だと

> 言われますが、金融機関が驚くようなソリューションを提供することで相談相手が何倍にも増えたのです。メンバーが親身になって議論してくれる姿に経営者も感動したそうです。

　筆者はこの案件を経験して、「アーサー王と円卓の騎士」の話を思い出しました。王の周りには頼りになる相談相手が多数いました。そこに上下関係はなく、自由に発言できたそうです。経営者が一人で円卓の騎士を集めるのは難しいですが、金融機関がハブとなって様々な分野の専門家を紹介すれば、事業戦略について有益なアドバイスをまとめて得ることができるのです。

③各種コンテストへの挑戦提案
　筆者は地域金融機関と中小企業に同行訪問を行っていますが、いわゆるピカピカの優良先は経営課題を簡単に明かしたがらない傾向があるように思います。こちらがニーズを発掘するために繰り出す質問にも具体的に回答してくれないケースが多いので、度重なる訪問の末にようやく経営者が「真のニーズ」を口にしても、渉外担当者はそれと気付かずにキャッチアップできないことが多いようです。

　例えば以下の様な取引先との漠然とした会話の中にも、金融機関として提供できるソリューションが隠れているのですが、ピンとくるでしょうか。
担当者「社長、販路開拓にもコスト削減にも特に課題はないとのことですが、では今後の経営方針についてお聞かせいただけますか」
経営者「方針って程のものじゃないけど、当社も県の靴下産業の担い手として業歴も長くなってきたし、周囲から尊敬されるような会社になりたいと思っているよ」

R社は設立当初から「履くと疲れない靴下」をコンセプトに自社ブランドを展開してきた、開発型のメーカーです。現在は大手企業にも技術力を認められ、OEM生産も手がけています。靴下の生産は県の地場産業に成長してきており、当社はそのリーダー的存在になっています。

　経営者の最後の一言は自分の夢だし、自助努力で何とかしてもらうしかないな…などと思ってはソリューション提供のタイミングを失ってしまいます。自社をより良い会社にしたい、という願いは販路開拓やコスト削減よりも重要な本当の経営ニーズです。金融機関が取引先の夢を直接叶えることはできませんが、サポートすることは十分可能です。そこでぜひ、コンテストへの応募を提案してみましょう。

　中小企業を対象にした賞は各種あります。グッドカンパニー大賞や中小企業ＩＴ経営力大賞など有名なものの他にも、グローバルニッチトップ企業100選やダイバーシティ経営企業100選など新設された賞も数多くあります。また業界団体が主催しているものや、自治体が表彰しているものまで視野を広げれば、多種多様な表彰制度があることが分かるでしょう。しかも多くの賞は企業側からの応募を前提としています。

　渉外担当者は応募要件を確認し、取引先がチャレンジできそうなコンテストをいくつか洗い出してみましょう。もし取引先が大賞を受賞できれば、経営者は心から喜んでくれるはずです。賞は取引先の経営が優れているという何よりの評価となりますし、社会的にも尊敬と注目を集める存在になるでしょう。企業のブランドイメージが向上し、人材確保も有利に進めることができるかもしれません。何より従業員のモチベーションが上がることで、より一層事業がうまく回っていくでしょう。

　今回Ｒ社に対しても、自治体が主宰している「ものづくり優良企業賞」に挑戦してみることを進言し、その結果見事に特別賞を受賞することができました。経営者は担当者に「私の夢に対して真剣に向き合ってくれたの

第3章　ソリューション営業の実践

コンテストの進言は優良先との取引深耕にうってつけ

は、君が初めてだよ」と、大変喜んでくださいました。

　コンテストへの挑戦を進言することは「私は御社のことを、この賞に見合う実力があると思っていますよ」というメッセージになります。相手が優良先だからこそ繰り出せるソリューションなのです。日本の経営者は謙虚なので、誰かが背中を押してあげるほうがよいのです。受賞の喜びを社長と分かち合うことができれば、これ以上の取引深耕はないでしょう。

④優良他社への見学ツアー実施提案

　中小企業の経営者と会話していて驚くのが、自社をより良い会社にしたいのだけれど、何から手を付けていいのか分からない、という方が意外に多いことです。具体的な経営課題を把握しておらず、まさに「何か」足らないのだけれど、「何が」足らないのか分からないといった状況です。

　経営者の頭の中がまとまっていないとしても、渉外担当者としてはしっかりと話に耳を傾け、ともに課題を抽出し、できれば対処する優先順位を付けられるのがベストです。しかし、プロのコンサルタントならばいざ知らず、金融機関の渉外担当者がそこまで課題を整理するのには相当な経験とノウハウが必要になるでしょう。本部に対応できる部署があればいいのですが、それも難しい場合、営業店で簡単にできる優良他社への見学ツア

127

ーというソリューションを提案してみてはいかがでしょうか。

まず渉外担当者は経営者と会話することで、課題がどの分野に関するものなのかを特定します。これまで述べてきた販路開拓や人材活用などの観点から話をリードしていけば、比較的容易にヒアリングできると思います。

例えばそれが工場に関する悩みだった場合、工場の操業に強みを持つ企業への見学ツアーを実施するのです。もうお分かりのとおり、上述した優良他社というのは財務状況が優良だという意味ではありません。人材の育成が上手で社員がイキイキと働いている会社、消費者のニーズをしっかりと掴みヒット商品を連発している会社など、事業経営に関してキラリと光る特長を持っている会社のことです。当然のことながらその会社の強みを把握していないことには提案できませんから、これは地域金融機関ならではのソリューションだと言えます。

実例

　S社は米菓の製造業です。佐賀県産の米を使った様々なお菓子を製造していますが、中でもあられは昔ながらの醬油味に加え、マヨネーズ味や柚子味などバラエティに富んだ商品を生産しています。販売先からの評価も高いのですが、経営者は工場で発生する不良品の多さ、従業員が作業しにくい動線、道具が乱雑に置かれている棚などが気にかかり、何とかテコ入れしたいと考えていました。しかし、何から手を付けたらいいのかが分かりません。間違った方法で改善すると、状況が悪化するような気さえします。
　そこで渉外担当者は自分の取引先で、ねじの製造をしているT社の工場見学ツアーを企画しました。同社は早くから工場のIT化に取り組み、効率的な製品生産を得意としています。食品と工業品という違いはあれども、品質管理や５Ｓ活動への取組みはきっとS社の参考になると考えたのです。

見学ツアーの当日は、T社の社長自らが工場内を案内してくれました。不良品を出さない工夫や従業員のモチベーションアップに関する方法、実は昔T社も工場の操業に悩みを抱えていたことなど、ざっくばらんに教えてくれました。S社の経営者は工場の管理手法を実地で学べただけでなく、T社の社長の経営哲学にも感銘を受けたそうで、早速自社工場の改革に乗り出しました。
　S社の漠然とした経営課題に対して担当者が見事に対処できた訳ですが、このソリューションには副次的な効果もありました。ねじメーカーT社の経営者からも感謝されたのです。まず当社を優良企業と評価してくれたこと、それからS社の見学を受け入れるにあたって自社の強みを再確認できたこと。ともすると自社の強みは当たり前のこととして忘れがちになりますが、T社はこれを契機により強みを伸ばしていく経営戦略を取りました。
　両社にとってWIN-WINだった点で、これも新しい形のビジネスマッチングだと言えるかもしれません。

⑤金融機関による各種セミナーの実施提案

　多くの地域金融機関が自行庫の取引先を対象として、様々なテーマでセミナーを実施しています。読者の皆さんも「テレビでおなじみの経済評論家が登壇しますから、ぜひお越しください」などとチラシを配った経験があるのではないでしょうか。最近は経済に関するテーマだけでなく、年配の経営者を意識した健康管理セミナーや引退後のライフプランセミナーなども多いようです。
　しかし、これらのセミナーを企画している部署の方とお話しすると、意外にも一番人気があるテーマは新入社員教育に関するものなのだそうです。人材活用の項でも述べましたが（101頁～）、ほとんどの中小企業には体系だった研修プログラムがありません。新人教育ともなると、名刺の渡し方

や電話での応対方法などビジネスマナーに関する基礎的な指導も必要になります。とても自社ではレクチャーできないので、この種のテーマには経営者と何人かの新入社員が一緒に参加して、基礎から社会人生活のイロハを学ぶのだそうです。

セミナーの提供は金融機関の本部が提供するソリューションとしては素晴らしいものですが、残念なのは実施時期が固定化されていることです。春に新人教育セミナー、夏に著名人のセミナー、秋に助成金活用セミナー、冬に健康管理セミナーなどイベントとして組まれているので、当然のことながら個別の取引先からの要望でセミナーのテーマや実施時期を変える訳にはいきません。

そこで個別の取引先にオーダーメイドの対応をするために、本部セミナーとは別に、営業店が独自にセミナーを実施すれば新たなソリューションとなります。方法はいたって単純です。渉外担当者が経営者から学びたい事柄をヒアリングし、それをテーマにしてセミナーを実施するだけです。

このように書きますと「セミナーの講師はどこから呼べばいいんだ」と突っ込まれそうですが、実は無料で講師を派遣してくれる機関は数多くあります。例えば独立行政法人工業所有権情報・研修館は知的財産に関するセミナーを、公益財団法人生命保険文化センターは生活設計やセカンドライフに関するセミナーを無料で提供してくれます。さらに身近なところでは、一般社団法人全国銀行協会が「どこでも出張講座」と題して、社会人向けに金融商品を選ぶポイントについてセミナーを行ってくれます。

これらの機関を使わなくても、営業店の職員が自らセミナーを行うという方法もあります。投資信託の選び方や海外ビジネスの注意点などは金融機関の職員だからこそ解説できるものでしょう。さらに取引先との距離を縮めるためにぜひ企画するとよいのが、支店長が語るマネジメントセミナー、テラー担当者が教えるおもてなしセミナー、渉外担当者が実践してい

る営業ポイントセミナーなどです。

　金融機関の職員は、自らのキャリアを過小評価することはありません。自分たちの経験、仕事への熱意、工夫は十分に語るに足るものなのです。「私でよければ、いつでもお話に行きますよ」くらいの気概があってよいと思います。

⑥中小企業倒産防止共済の活用提案

　経営者の営業方針が「とにかく仕事を取ってきて売上を伸ばせ」というものであったり、業界自体がイケイケドンドンの特徴を持っていたりすると、企業はおのずから攻め重視の社風になると思います。企業が従業員を養い、社会の一員として継続的に営業していくためには、もちろん売上を上げて利益を確保することが重要なのですが、一方で中小企業は景気の後退や突発的なトラブルに対する防御力が低いことも理解しておかなければなりません。

　中でも特に経営者と渉外担当者が敏感になっておくべきなのが、主要取引先の倒産です。自社の経営課題は金融機関がサポートすることで共に対処していくことができますが、突発的に主要取引先が倒産してしまいますと、対処する間もなく煽りを受けて倒産してしまいかねません。いわゆる連鎖倒産です。

　したがって中小企業は守りに対する備えも万全にしておく必要がある訳ですが、これは公的な制度を活用することで対応することができます。中小企業基盤整備機構が運営している中小企業倒産防止共済（経営セーフティ共済）です。これは中小企業が連鎖倒産や経営難に陥ることを防止するための共済制度です。毎月掛け金を支払えば、加入後6カ月以上が経過して取引先事業者の倒産によって売掛金債権等が回収困難となった場合に、最高8,000万円の共済金の貸付が受けられます。なお、掛金は税法上、法

守り重視の会社には攻め方を、攻め重視の会社には守り方をアドバイスする

人の場合は損金に算入できる、非常に使い勝手のよい制度です。相応の掛け金が必要となりますが、転ばぬ先の杖となる制度なので経営者にお勧めしやすいでしょう。また引き落とし口座を自行庫にしてもらうことで、取引関係を強化することもできます。

　攻め偏重の企業には自社を守る方法を、守りは固めたが外に討って出る方法が分からないという企業には攻める方法をお伝えするのが、親切なソリューションと言えるでしょう。

⑦後継者不在企業と起業希望者とのビジネスマッチング

　中小企業経営者の高齢化が進んでいます。2014年度版の中小企業白書によりますと、1982年時点では、30～40歳代の経営者が分厚く存在していましたが、年を追うごとに高齢の方が占める割合が高まってきており、2012年には、60～64歳が全体に占める割合が最も高い年齢層となっています。また、70歳以上の年齢層が占める割合は、過去と比較しても最も高くなっています。つまり、30年前の経営者がそのまま30歳年を取った結果なのです。読者の皆さんが初任地で担当した社長が、支店長になって帰ってきても現役の社長でいる、という感覚です。

それに輪をかけて深刻なのが、これらの企業に後継者がいないことです。帝国データバンクの調査によりますと、実に国内企業の3分の2にあたる66.1％が後継者不在であると述べられています。高い技術力や販売力を持っていても、後継者がいないことを理由に廃業せざるを得ない企業も数多いのです。

一方、自分で会社を興したいという起業希望者も根強く存在するというのも、また事実です。自分の好きなことを仕事にしたいという人がもちろん多いのですが、経営者という責任ある立場で仕事をしたいという人も多く、最近では女性の起業希望者も増加傾向にあります。

さて、ここで思い至るのは後継者不在企業と起業希望者をマッチングさせれば、どちらの要望も同時に叶えることができるのではないか、という発想です。机上の空論だと思われるかもしれませんが、実はこのマッチングを既に成し遂げている例があるのです。

静岡県で豆類を中心とした乾物の食料品店を営む蒲原屋は、他店にはない品揃えで顧客から人気の商店でした。しかし、経営者の金子さんには跡を継いでくれる後継者がおらず、静岡県事業引継ぎ支援センターに事業承継の相談をしていました。センターでは、起業希望者と後継者難に直面する中小企業とを結び付けることができるのではないかと考え、同店を経営したいとの熱意を持つ起業希望者を公募することにしました。その結果、20人ほどから応募があり、最終的に40代の女性が後継者に選ばれたのです。現在は商品のインターネット販売にも積極的に取り組み、商売を拡大させています。

このようなマッチングが実際に生まれています。事業引継ぎ支援センターよりもはるかに顧客情報が豊富で、日々経営者とコミュニケーションを重ねており、起業希望者からの相談対応もしている金融機関ができないはずはありません。

第一義的には営業店内でマッチングが可能か検討することから始め、僚店や本部まで巻き込んでいけば金融機関として極めて特色のあるソリューションとなるでしょう。

3. アフターフォローの方法

(1) 金融取引につなげるためにアフターフォローは不可欠

　取引先にソリューションを提供しても、言いっ放し、やりっ放しでは意味がありません。渉外担当者は日々取引先を訪問し、経営者とコミュニケーションをとっているのですから、再訪時に「社長、その後どうなりましたか」と一声かけてフォローしていく必要があります。

　アフターフォローをする理由は2つあります。まずソリューションで対応した課題が解決に向かっているか確認するためです。よい方向に向かっていなければ軌道修正をする必要がありますし、うまくいっていても新たな課題が出てくる可能性があるので、さらに対応していかなければなりません。

　もう1つの理由は、金融機関の総合取引の推進につなげられるか確認するためです。当然のことながら、金融機関はソリューションの提供を目的として取引先とお付き合いしている訳ではありません。ソリューションの提供をきっかけとして、融資案件の掘り起こしや預金の獲得につなげていく訳です。したがって、ソリューションが企業経営にどのような変化を与えているのかをしっかりと見極める必要があるのです。

(2) アフターフォローの方法

　第2節では様々な手法でのソリューション提供を解説してきましたが、

それらは「有益な情報提供」、「実践的サポート」、「公的機関の活用」の大きく3つに分けられます。それぞれアフターフォローのポイントを見ていきましょう。

①進捗の確認

　まず「有益な情報提供」ですが、これはタイムリーで具体的な情報を提供することで、取引先に経営課題を解決するための自助努力を促したものです。ネット検索による新規先獲得提案、刑務作業への外注提案、マスコミへのプレスリリース提案などが代表例です。

　フォローのポイントは進捗の確認です。そもそも情報を有効活用してくれたのか、実際に活用している場合どのような方向に進んでいるか、を確認します。情報提供によるソリューションは、経営者が行動に移しその結果が出るまでに相応の時間がかかることが多いからです。

　例えば、ネット検索による販路拡大を提案した場合、募集案件を調べてみたか、募集企業に提案書を送信したか、その回答はあったか、商談の準備はしているか、などをヒアリングします。立ち止まっているならば、その都度アドバイスしたり、背中を押すようにします。渉外担当者自身が実行できるソリューションではないので、あくまで経営者の自発的な努力を根気よくサポートしていく姿勢が必要になります。

②効果の検証

　次に「実践的サポート」ですが、これは渉外担当者が実際に体を動かすことで取引先に提供したソリューションです。営業店職員による商品モニター提案、キャッチコピー作成提案、専門家ラウンドテーブルの実施提案などが代表例です。ここでポイントとなるのが、効果の検証です。本書では費用のかかるソリューションを提案してはいませんが、工数対効果、つ

まりかけた手間に対してどれくらいの効果があったのかを確認することは重要です。

　例えば営業店でのモニター会はアンケートの作成や取りまとめなどの工数がかかりますが、それに見合った成果が出ているかをヒアリングします。この場合ならば商品改良にかかる期間が短縮化された、改良により商品の売れ行きが良くなった、などが成果として挙げられるでしょう。効果のあったソリューションは同業種や同じような課題を抱えている企業に展開していくことができます。

③支援機関からヒアリング

　最後に「公的機関の活用」ですが、このソリューションのポイントは取引先からだけではなく、公的機関からも進捗や成果をヒアリングすることです。今回紹介した公的機関は省エネルギーセンター、産業雇用安定センター、各種海外展開支援機関などですが、これらの機関と二人三脚で支援していくために取引先の事業情報を共有するようにしましょう。取引先にとっても、金融機関と公的機関がタッグを組んでサポートしてくれたほうが安心感もあり、事業意欲も湧いてくるはずです。

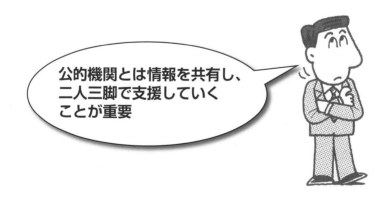

以上のようなアフターフォローを続けることで、最大限にソリューションの効果を発揮することが可能になり、また状況に応じてソリューションの方向性を修正することができるようになります。そして、その先にある総合取引の推進にも切れ目なくスムーズにつなげていくことができるのです。

4．ソリューション営業の効果

（1）ソリューションの提供と与信・受信業務はひと続き

　ソリューション営業をいくら推進しても融資案件の発掘や預金獲得につながらないという声を渉外担当者の皆さんから聞くことがありますが、はっきり申し上げてそれは間違いです。ソリューションの提供と与信・預金業務はひと続きのものです。

　なぜならば、中小企業が行う事業と資金の流れはひと続きのものだからです。企業の経営資源が「人・物・金」であることは既に述べましたが、物が動くときにも、人が動くときにも、金は同時に動きます。

　例えば、商品を販売して代金を回収すれば手元の資金は一時的に増加します。しかし売上を伸ばし続けるためには、それに伴い仕入も増やさなければなりませんから資金が必要になります。また、専門学校や公設試験研究機関と連携して商品の共同開発を行う場合にも開発費は必要になりますし、外部に商品の生産を要請する際には外注費が必要になります。物が動けば必ず金も動くのです。

　人が動く場合もまったく同じです。新しく人を採用する際には採用費のほかに社会保険に関する資金が必要になりますし、育成する時には研修費、福利厚生を充実させるならば内容に応じたお金を要します。人が育って会

社の稼ぎ頭になれば、今度はお金が会社に流入します。

つまり、金融機関が行うソリューションの提供は中小企業の事業推進を後押しするものですから、当然にその延長線上にある資金の流れについても内容を掴むことができるのです。

誤解のないように述べておきますが、「本業ソリューションを提供してくれたから、我が社にとって不必要なお金だけど借りてあげよう」などと言う経営者はいません。本業ソリューションによってうまく事業が回り始め、自然と資金需要が発生するからこそ、提供してくれた金融機関に調達の相談をしてくださるのです。

後は与信や受信の提案ということになりますが、経営課題の把握からソリューションの提供という一連の流れの中での提案となりますから、スムーズに案件をまとめられることはご想像のとおりです。

(2) 融資業務の拡大

ソリューションを提供した効果として、もっとも掴み取りやすいのが融資案件です。融資の内容は、増加運転資金と設備資金に分けられます。

まず販路開拓に関するサポートは増加運転資金を発生させる主たる要因になりますし、販売促進活動の強化についても売上を伸長させるための支援ですから、同様の効果を生みます。海外展開の支援についても外国に新たなマーケットを求める訳ですから、多額の投資資金が必要となるでしょう。

また設備資金発生の観点から見ますと、コスト削減のカテゴリで解説した中古機械の買取り提案はその後新しい機械設備を導入する際にチャンスとなりますし、省エネルギーセンターから設備更新のアドバイスがあれば資金調達の可能性は高くなります。さらに公設試験研究機関などとの共同開発が進展すれば、必要な機械や計測器を購入するケースも出てくるでし

ょう。

　このように融資案件は必ず後から付いてくるのです。迷わず惑わずソリューション営業に邁進していれば、金利競争に陥ることもなくスムーズに案件を拾い上げることができるでしょう。

(3) 預金業務の拡大

　ソリューション営業は預金業務の推進にも役立つのですが、実は筆者が経験したところ、もっとも多いケースは「お礼」としての獲得です。様々な角度からソリューションを提案し、経営者に感動していただき、その結果として「あなたの銀行（信金）ともっと深く付き合いたい」という意味で預金をいただきました。例えば営業店の職員が一丸となって取り組んだモニター会に対して、経営者のお母さま（会長職）が涙ながらに定期預金を作ってくださったり、専門家ラウンドテーブルを実施した後に経営者が積立定期を始めてくださったり、という具合です。もちろん金融機関は預金でお礼をしてもらおうという腹づもりでソリューションを提供した訳ではありませんが、中小企業がいかに喜んでくださったかを表すエピソードだと思います。

　さて、ソリューションの効果と直結して獲得できた例も紹介しましょう。やはり顕著だったのは、コスト削減に関するものです。本来かかっていたはずの費用を払わなくて済むようになる訳ですから、浮いたお金を預金に回してくれるようセールスすれば比較的簡単に獲得できます。特に省エネルギーに関するものはESCO事業といって経費の削減分から報酬を得るビジネスモデルが確立されており、民間企業も実施しています。預金の獲得もこの方法と同じ理屈という訳です。

(4) その他推進業務の拡大

　融資や預金のほかにも取引先から獲得できる案件はあります。例えば海外展開支援によって実際に中小企業が外国に進出した場合、海外送金取引や現地の銀行から資金調達する際のスタンドバイクレジットの発行などを獲得できるでしょう。

　また人材採用や福利厚生充実のサポートをした場合には、それをきっかけに取引先の社内で職域セールスを展開できるかもしれません。そうすれば従業員との関係が深まり住宅ローンやカードローンなどを獲得できるでしょう。

　さらに実際にあった取引深耕の例として印象に残っているものを2つ紹介します。1つ目はマスコミへのプレスリリース提案を行った企業のものです。見事に全国紙で記事を紹介された経営者は大変喜んでくれ、同じ金属団地の仲間たちにこう言ってくれました。「私は今まで金融機関をお金の出し入れをするところと思っていました。ところが、この銀行は違った。我が社の経営課題と真剣に向き合ってくれ、プレスリリースという解決法を提案してくれたんです。金属団地のみなさんもこの銀行と付き合わないと損ですよ」。自らの成功体験を自分の言葉で語ってくれたものですから、金属団地の企業はこぞってこの金融機関との取引を求めるようになりました。多数の新規取引先を一挙に獲得できたのです。

　もう1つの話も大勢の前で語るという点で似ています。専門学校との連携を提案した企業ですが素晴らしいコラボ弁当が完成し、金融機関が主催するオーナーズセミナー（経営者だけを集めた特別なセミナーイベント）の場で実体験を語ってくれました。銀行からのソリューションが、他店と差別化できる商品開発のきっかけになったという内容です。会場では自然と大きな拍手が沸き起こっていました。

第3章　ソリューション営業の実践

ソリューションを提供していけば、自然と金融機関のブランド価値が向上する

　このように地道にソリューション提供を行っていくことで、金融機関のブランド価値は間違いなく向上していきます。仮に渉外担当者の営業目標に直接寄与しなかったとしても、このような成果は評価されるべきですし、担当者も周囲に誇っていいと思います。

第4章

ソリューション営業を可能にする事業性評価

1．目指すのは躍動的な事業性評価

　本章ではスムーズにソリューション活動へつなげるための事業性評価のポイントについて解説します。すでに第２章１（１）①（38頁）で述べましたが、事業性評価とソリューション活動はひと続きのものです。最適なソリューション提供に不可欠なのが、的確な経営ニーズの把握です。そして的確な経営ニーズの把握に必要なのが、経営者へのツボをはずさないヒアリングです。

　金融機関の中には、本部がいわゆる「事業性評価ヒアリングシート」と呼ばれるような質問票を作成しているところもあるようです。何種類か実際に拝見しましたら、取り扱っている商品の概要、主要な仕入先・販売先、株主構成などを書き込む内容となっており、確かに基本は押さえているのですが、ではそこからどのような経営ニーズが浮かび上がってくるのか、どのようなソリューションを提供できるのか、イメージのできないものもありました。厳しい言い方ですが、これではヒアリングしたという自己満足だけで終わってしまいます。

　われわれ金融機関が目指すべきなのは、躍動的な事業性評価だと思いま

金融機関が目指すべきは
「躍動的な事業性評価」

す。書類を作るためだけの静態的なものではなく、経営者の想いやニーズがあふれ出てくるような事業性評価でないと意味がありません。

　ここからは取引先にヒアリングすることで、経営の根幹に切り込むことのできる７つの質問と、取引先以外へのヒアリング手法について見ていきましょう。事業性評価に盛り込むと、取引先の経営状況をより深く広く把握できるはずです。

2．７つの質問で取引先の根幹に切り込む

（1）商流図

　取引先の事業内容を知るためには、まず商流の把握から始めましょう。「どこから何を仕入れて、どのような付加価値をつけて、誰にどうやって販売しているのか」ということが分かれば、もう取引先の勘所をおさえたも同然です。取引先がどのようにして利益を獲得し、企業として存続しているのかを見極めることができるからです。

　どのような企業も単独で存在することはできません。販売先や消費者、もしくは社会に対して価値を提供しており、その見返りとして利益を得られているから存続しているのです。商流はそれを表す設計図のようなものです。事業性評価をするにあたって、最初におさえておくべき事柄と言えるでしょう。

　この質問はどのような業種にも応用することができます。経営者からの回答を頭の中で整理し、文字どおり商売の流れに沿って把握していきましょう。

　例えば、ボタンの製造業であれば「A社とB社からプラスチックのペレット（粒状の原材料）を仕入れて、自社の機械装置で射出成形して様々な

形状のボタンを生産している。できあがった製品は服飾の専門商社C社に販売しており、最終的に服飾メーカーD社の商品に使用されることが多い。当社は自社内でデザインと金型製作することでコストを抑え、様々な種類のボタンを製造している。塗装作業の一部はE社に外注している」といった具合です。

商店街にある魚の小売業であれば「仕入は主に地元の中央卸売市場で行っており、魚介類の中でも鯛、アワビなどの高級食材を品揃えの中心としている。職人でもある店主が旬の魚を目利きし、刺身などに調理する。地域の消費者に対して店舗で直接販売するとともに、最近は寿司割烹Fや観光旅館Gなどにも新規販路を拡大中」となるでしょう。

さらに、この商流を模式図として簡潔に表すことができると、頭にも残りやすくなります。また金融機関の担当者に異動があった際にも、認識しやすい図として事業性評価に残しておけば、引き継ぎもスムーズに運ぶでしょう。文字でツラツラと記述するよりも、矢印や絵を用いたパワーポイント風のものでコンパクトに表現するのがオススメです。

図表4-1　商流図の作成イメージ

（2）主力商品

　取引先の主力商品について把握することも、重要なことです。多くの金融機関の事業性評価シートには、「主力商品と特徴」といった項目があるようですが、これだけでソリューション活動につなげていくには、いささか情報が不十分であるように感じます。

　せっかく主力商品について記載するのであれば、単なるスペックを把握するだけではなく、ビジネスマッチングの支援をやりやすくするような工夫が必要でしょう。

　そこで主力商品の内容を要素分解してみましょう。例えば工業製品ならば、「技術」「素材」「用途」の３つに分解します。工業用のネジが主力製品だとすると、まず技術の面から「当社のネジは切削加工のほかに、冷間圧造による加工も可能。金型で成型するため、安定した寸法を維持している」と要素に分解します。

　次に素材の面から検証を加えます。「主力製品はチタン製。これは本来加工が難しい『難削材』である。他にコバール（鉄にニッケル、コバルトを配合した合金）に対する加工も実績がある」と分解します。

　最後に用途に関する情報として「当社のチタン製ネジは、最終的に電力プラントや石油化学プラントに使用されている。他の用途としてチタンは金属アレルギーを引き起こしにくいため、医療用に転用が可能であると思われる」という具合に把握します。

　主力商品ひとつ取っても、このように要素分解し経営者からヒアリングすれば、その後のビジネスマッチングにつなげる具体的な方策も思い浮かぶはずです。本件であれば、難削材の加工ニーズがある企業、医療関係の機器や義足などの装身具を製造しているメーカー、また金型を製造する余裕はないが寸法どおりのネジを調達したい企業などが考えられます。

主力商品を理解する
ためには
要素に分解する

　一方、単純に主力商品を「当社の主力製品は工業用のネジである。金型を持っているため多品種大量生産が可能である。中でも鉄、チタン製のものに引き合いが多い」と記載している事業性評価では、空欄を埋めることはできても、その後のソリューションにつなげることは困難だと思いませんか。せっかく経営者に時間をいただきヒアリングするのですから、先の先まで考慮した聞き取り方を心がけましょう。

　ちなみにここでは工業部品の製造業を例に取りましたが、他の業種に対しても「要素に分解する」という視点を持てば、ソリューション活動につなげやすい事業性評価をすることが可能です。

　例えば取引先が建設業ならば、土木や建築に関する「施工技術」、腕のよい職人や協力会社を集めることのできる「ネットワーク」、舗装工事や造園工事など様々な種類の工事案件への「対応力」というふうに要素分解できるでしょうし、飲食業ならば「食材」、「職人の腕」、「接客サービス」と分解できるでしょう。

　要素分解の方法に答えがあるわけではありませんから、それぞれの渉外担当者が取引先の商品やサービスに想いを巡らし、どこに強みがあるのだろう、なぜ引き合いがあるのだろう、と考える姿勢が大切です。

（3）価格推移

　取引先の主力商品についてヒアリングできれば、あわせてその商品の価格推移についても把握しておきましょう。価格と出荷量が分かれば収益性分析をすることもできるでしょうが、ここでは目的が異なります。

　商品の価格設定をする際に、取引先がどのような販売戦略を取ってきたのかを知ることに主眼を置きます。当然のことながら中小企業の経営は様々な外的影響を受けています。為替の変動、景気の波、税制など法律の改正や規制緩和、自然災害などマクロ的なものもあれば、取引先からの値引き要請や業界全体の価格競争に巻き込まれることもあるでしょう。

　そのような折にどのようにして価格設定を行ったかは、経営者の販売戦略はもちろん、経営哲学を知ることにも役立ちます。京セラの創業者として高名な稲盛和夫さんの言葉に「値決めこそが経営である」というものがあります。

　少々長いですが、稲盛氏のオフィシャルサイトから引用しますと「経営の死命を制するのは値決めです。値決めにあたっては、利幅を少なくして大量に売るのか、それとも少量であっても利幅を多く取るのか、その価格決定は無段階でいくらでもあるといえます」とあります。

　先述した外的要因はもとより、経営者は自社商品の特性をよく理解した上で、コストや生産ロットとも突き合わせて価格を決定していく必要があります。また主要なマーケットの需要の変動に目配りしておくことも重要です。

　例えば有機質肥料の製造業に対しては、次のような質問が考えられます。
　「社長、肥料の製造には石油価格が関係していると思うのですが、それぞれの時代によってずいぶん商品価格に変動があったのではないですか」。すると経営者はこのように返すでしょう。「石油価格の影響を直に受ける

のは化学肥料のほうだね。我が社は鶏糞などから作る有機的な肥料だから、ダイレクトな影響は小さいね」。

渉外担当者は間違った仮説を立てていた訳ですが、自分の考えをはっきりと伝えたので経営者も真摯に回答してくれています。誤りを恐れず、一歩を踏み出す姿勢が重要なのです。それでは価格推移の話を続けましょう。

「なるほど、そうですか。では、農業人口の減少や作付面積の縮小は肥料の価格を押し下げることになりますか」。このような質問ができると、よく勉強しているなと経営者も思い、口も滑らかになってくるでしょう。「いい質問だね。しかし逆なんだ。農林水産省が農政大綱の中で有機質肥料の活用を推奨したから、価格は下がることなく堅調に推移しているよ。確かに日本の畑は少なくなったけど、化学肥料は土地を傷めてしまうから自然由来の肥料が見直されているというわけさ」。そして仕上げにキロあたり何円で販売してきたかという、具体的な数字をヒアリングできれば完璧です。

このように主力商品の価格推移をヒアリングすることは、取引先が社会の荒波に対していかなる戦略と哲学で乗り切ってきたのか、利益を確保し従業員と家族を養ってきたのかをリアルに知ることができます。

事業性評価シートの「取引先の沿革」についての項目を埋めるために、通り一遍の社歴を聞くよりも、はるかに役立つ質問なのです。

(4) 競合先の状況

取引先の競合先、つまりライバル企業に関する質問も、事業性評価を行う際の重要なポイントです。なぜなら、経営者がライバル視している企業というのは、取引先と似たような業績で似たような特徴を持っているケースが多いからです。

経営者がライバル企業のどこに一目置いているのかをヒアリングしまし

ょう。評価しているという点は、裏を返せば取引先にとってのウィークポイントかもしれません。例えば「あの会社は小ロットの製品にも対応している。小回りがきくから大手企業にも重宝がられているらしい」という感想を経営者から聞ければ、逆に「なぜ御社は小ロットに対応するのが難しいのでしょうか」と切り返します。すると「うちはオートメーション化を進めて、できる限り手作業の仕事をなくしたからね。大きなロットでないと機械の強みを出せないんだよ」とかなり具体的な情報を引き出せるでしょう。多くの金融機関でSWOT分析を事業性評価に盛り込んでいると思いますが、この質問は「弱み」や「脅威」を分析する際に大いに役立つはずです。

また競合先に関する質問は、ソリューション営業にも直結させることができます。まず、シンプルなソリューションとして、ライバル企業の動向やビジネスモデルなどを調べて情報提供すると経営者は喜んでくれます。

さらに、競合先がどのような企業と取引しているかを調べることによって、取引先に販売先などをマッチングする際の精度が格段に高くなります。競合先は取引先とよく似た商売をしている訳ですから、参考となる情報の宝庫です。

このように考えると、競合先を知ることで取引先のことを2倍深く知ることができると言えるでしょう。

(5) 組織図

大手企業のホームページにはよく組織図が掲載されていますが、取引先に対しても組織図をヒアリングするように努めましょう。小さな中小企業に対してそのような必要はないだろうと思われるかもしれませんが、組織図を把握することは取引先が何の事業にどれくらい注力しているかを知る手掛かりになります。そしてさらに可能であれば、人員配置についても聞

き取りできればベストです。

例えば、化粧品メーカーの組織図をヒアリングしたところ、昨年は製造部、営業部、総務部に分かれていて、それぞれ20名、5名、3名が配置されていたとします。ところが今年になって再度ヒアリングしてみると、営業部の中に海外マーケット室が新設され専務の直下に置かれていました。これは大きな変化です。人員配置に変化がないとしても、今後この取引先は間違いなく海外展開に取り組むでしょう。そうすると営業マンの新規採用が必要になるでしょうし、外国企業とのやり取りが発生するなら総務部には外為取引のニーズが出てきます。また、経営者は専務を後継者として育てたいのかもしれません。であれば外部の研修やセミナーの情報を提供すれば喜ばれるはずです。

定点観測するように組織図を毎年追っていくだけで、その取引先の経営戦略や様々なニーズが手に取るように分かります。人材に関するニーズが出てきたとしても、第3章を既に読んだみなさんは恐れることはないはずです。むしろ、他行庫と差をつけるチャンスです。積極的にソリューション提供をしていきましょう。

(6) 人材の定着率

もう1つ、人に関係する質問を紹介します。取引先における人材の定着率です。大手企業の社員でさえ、3年で3割が退職すると言われています。中小企業であればこの割合はもっと高く、ともすれば人繰りが取っ替え引っ替えの状態だというイメージがあるかもしれません。

しかし、一方で中小企業の中にも従業員の定着率が高く、定年を迎えるまでしっかりと勤め上げてくれる従業員の多い企業もあります。人材の定着率は、その企業の働きやすさを表すバロメーターだと言えるでしょう。

取引先の人材の定着率が低い場合、その原因を経営者にヒアリングする

第4章 ソリューション営業を可能にする事業性評価

人材の定着率は
働きやすさのバロメーター

必要があります。経営者自身も問題意識を持っているはずですから、ともに原因究明にあたるという形になるかもしれません。

　人材が定着しない原因は主に3点あります。1つ目は、業界の相場よりも給与が低い、福利厚生が充実していないといった、待遇に関する不満です。これは経営者の無関心が引き起こしているケースが多いようです。ある経営者は自社の給与水準が決して劣っていないと思い、十数年間経営を続けてきました。確かに、昔は他社と遜色ない額だったのですが、時代が変わってもずっと据え置いてきたために、いつの間にか差ができてしまったのです。

　2つ目は、人材の能力を引き出していくような教育体制がないことです。このことは特に若手社員の定着率に関係します。意気揚々と入社してきても、会社が技術もノウハウも教えてくれないとなると、ここでは成長できないと社員は感じてしまいます。この状況は優秀な人材から先に辞めていくという悪循環を生み出してしまいます。中長期的な育成計画を経営者は持っておく必要があります。

　そして3つ目は、企業そのものが経営不振などで人材を大切にできる状態にないことが挙げられます。人材育成よりも目先の資金繰りに大忙しの企業がこれにあたります。これは健全な状態とは言えませんから、抜本的な立て直しを要します。

経営者にとっては耳の痛い話かもしれませんが、だからこそ渉外担当者のみなさんがヒアリングする必要があります。例えば次のように質問してみましょう。「初めてお目にかかる現場の作業員さんがいるようですが、人材の入れ替わりがありましたか」。経営者は、この担当者が見ているのは金の流れだけではない、目端が利くな、と思うでしょう。

ストレートに質問するのが苦手であれば「社長、現場のエースはどなたですか」とプラス方向の質問を繰り出しておき、社長の答えに応じて「では、大切に育成しなければなりませんね。他社は人材の定着率がよくないそうですが、御社は万全ですか」などと核心に迫っていくとよいでしょう。

人材の定着率をヒアリングすることは、経営の屋台骨にかかわる重要な経営課題、そしてニーズを浮かび上がらせることができます。「企業は人なり」という松下幸之助さんの言葉を引くまでもなく、人材を伸ばす企業こそが伸びる企業なのです。

（7）経営者の夢

筆者は仕事柄、たくさんの金融機関とお付き合いしていますが「今までの評価方法と、事業性評価って何が違うのでしょうか」と質問されることがあります。第1章のエピソードに出てきた課長さんも基準が見つからず四苦八苦していましたね。

本書ではソリューション活動へスムーズに結びつけられるのが事業性評価だ、ということを繰り返し述べてきました。さらにこの章ではその評価を可能にするための有効なヒアリング項目を紹介してきました。

しかし私が先ほどの質問に、敢えて一言で答えるとするならばこう言います。「経営者の夢を書き入れているのが、事業性評価だと思いますよ」。

さて、われわれ金融機関は何のために存在するのでしょうか。お金を大切に預かるため、中小企業に融資をするため、地域経済の役に立つため、

第4章 ソリューション営業を可能にする事業性評価

経営者の夢を書き入れているのが
事業性評価

　どれも一面ではそのとおりなのですが、突き詰めていくと究極的には、経営者の夢を叶えるために存在するのではないでしょうか。本書で紹介してきた数々の本業ソリューションも、会社をより良くしたい！ という経営者の夢を叶えるためのものだ、と読者の皆さんもお気づきのはずです。

　夢をヒアリングすることにテクニックなどありません。ただ率直に「私は社長の夢を叶えるお手伝いをしたいと思っています。ぜひ共有してくださいませんか」とお願いすればよいのです。

　経営者の夢は究極の経営ニーズです。これを無視して何が事業性評価だ、何がソリューション営業だ、と筆者は思います。

　画竜点睛として、事業性評価シートに「経営者の夢」をぜひ書き入れてほしいと思います。

3．取引先以外へのヒアリング

（1）取引先の販売先

　取引先の事業性評価を行う際に、経営者からしかヒアリングしてはいけないというルールはどこにもありません。より実態を反映させた評価を行

うためには、取引先以外の関係者からも情報を得るとよいでしょう。

　そして、実は取引先の強みをもっともよく知る相手が、取引先の販売先なのです。イメージできると思いますが、販売先からすると取引先は仕入先にあたる訳ですから、お金を支払う相手ということになります。当然のことながら、お金を支払うには相応の理由があるはずです。他社と比べて製品の性能がいい、商品が消費者から高評価である、専門技術の知識が豊富だ、急な注文にも対応してくれる、など取引を続けている確固たる理由は、そのまま取引先の強みと認識することができます。

　実際に筆者も、ある工作機械メーカーの強みを探るために、経営者に了承を得たうえで販売先であるユーザー企業に対してヒアリングを行ったことがあります。仮説として、価格の安さと加工性能の高さが強みだろうと考えていたのですが、現実は異なりました。

　価格と性能もさることながら、ユーザー企業がもっとも満足していた点は、メーカーのこまめなメンテナンスにあったのです。多くの工作機械メーカーは売ったら売りっ放しが当たり前の中で、このメーカーは何度も現場に足を運び、より良く稼働できるようにメンテナンスをやり続けてくれた、と言うのです。

　この結果にメーカーの経営者も少なからず驚いていました。と言いますのも、経営者にとって、こまめなメンテナンスはサービスでも何でもなく、当然の仕事だったからです。機械を買ってくれたお客様に、誠心誠意対応するのは当たり前だと思っていたのです。このように、経営者さえも気付いていない強みを企業は持っていることがあります。

　経営者から許可をもらったうえで、本当の強み探しにチャレンジしてみましょう。

(2) 外部機関

　公的機関や外部の専門家などと二人三脚で取引先を支援している場合、そちらにも積極的にヒアリングしてみましょう。今まで述べてきたとおり外部の知見を活用することは、取引先にとって金融機関とは別にもう１つ事業推進のエンジンを手に入れたようなものです。また金融機関にとっては、専門的な事業性評価ができるパートナーとなってくれます。

　例えば取引先が、微生物発酵によるビニルモノマー生産に関する研究開発を行っている場合、この取組みは将来花開くのか、業界に与えるインパクトはどれくらいなのか、といった事柄については金融機関の担当者がどう逆立ちしたって評価することはできません。

　そのような時に、外部機関は専門的な見地から公正に評価を下してくれます。特に取引先が創業期にある場合、１つの研究開発の成否が企業自体の存亡を決してしまうことがありますから、その評価は極めて重要なものになります。

　外部機関は取引先のためにも、金融機関自身のためにも活用すべきなのです。念のため申し添えますが、人間は誰しも得意分野の話をする時には嬉々として喋ってくれますから、外部機関の職員や専門家に遠慮や気兼ねは無用ですよ。

4. 事業性評価の実践

ここまで解説してきたヒアリング項目を実際に事業性評価に落とし込んでみましょう。題材として取り上げる取引先は、光学機器用周辺部品メーカーのA社です（事業性評価の大前提となる、経営者情報や株主構成などの基礎項目は割愛します）。

(1) 商流図

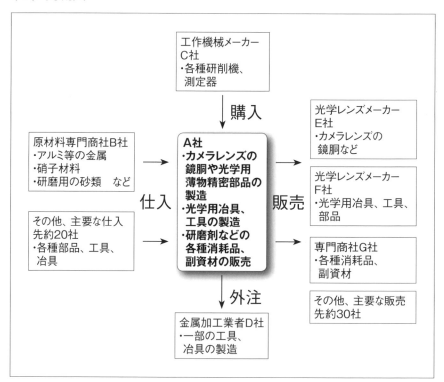

第4章 ソリューション営業を可能にする事業性評価

　商流図は評価対象の企業を中心に据え、矢印で他の企業との関係を結んでいきます。仕入先、販売先、外注先などが主要な登場人物になるでしょう。その際、各社の事業概要や取扱商品などをあわせて記載しておくと、商売の流れがより明確になります。

　この例では、取引先A社が製品製造に関する主要な材料を、原材料専門商社のB社とその他20社から仕入れていることが分かります。一方で完成した部品や工具などは、光学レンズメーカーのE社やF社などに販売しています。生産に必要な工作機械はC社から購入しており、特殊な加工については協力先のD社に一部外注しています。図に表すことで読んで理解するだけでなく、見て理解することが可能になりました。ビジネスマッチングなどのソリューション提供についてもイメージしやすくなったのではないでしょうか。

　本件はシンプルな商流でしたが、取引先によっては販売先の販売先まで記載することで最終ユーザーが誰なのかを把握する、また材料や部品ごとに仕入先を細かに記載して仕入れルートの確保は万全か検証する、といった作業も必要になるでしょう。形式にとらわれることなく、取引先の実態に即したヒアリングと商流図の作成がポイントになります。

　商流は決算書類からも大まかに把握することはできるでしょうが、取引歴、販売のウェイト、経営者同士の信頼関係など文字や数字には表れない貴重な情報を獲得するという点においても、やはり経営者から直接ヒアリングすることを心がけてください。

　なお、商流は取引先の経営状態によって変化しますから、一度聞いて終わりにするのではなく、節目ごとに見直すようにしましょう。

(2) 主力商品

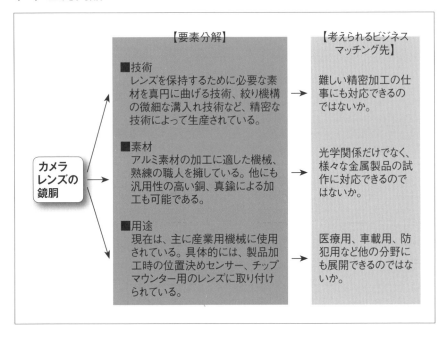

　主力商品は品目だけを記載したのでは意味がありません。最適なソリューションや具体的なビジネスマッチングにつなげていくために、商品の内容を要素分解しましょう。

　この例では、カメラレンズの鏡胴を「技術」、「素材」、「用途」に分解しています。まず経営者や工場の責任者などからポイントをヒアリングします。技術の専門用語はそのまま記載せず、意味を教えていただいた上で、分かりやすい表現を使いましょう。

　その上で、考えられるビジネスマッチング先を書き込みます。あくまで想定される先ですから、間違っていても構いません。想像力を働かせて、できる限りたくさん記載しましょう。

（3）価格推移

■当社製品の中で、もっとも販売個数が多いロングラン商品である「レンズ研磨ホルダー」についての平均単価推移

1987年
当社創業。当初は大手光学製品メーカーE社のみに販売しており、「レンズ研磨ホルダー」シリーズの平均単価は500円／個で固定。

1992年
高性能な機械を導入し、より品質の高い商品生産が可能に。販売先の了承も得られ、平均単価は578円／個に上昇。

1996年
一部外注していた作業工程を内製化。これにより経費削減が可能に。単価を引き下げる代わりに、納入ロットを増やす条件で平均単価を563円／個に変更。

1998年
素材であるアルミの値段が高騰。販売先に価格転嫁せず、社内でのコスト削減に努める。平均単価563円／個で据え置き。

2008年
リーマンショックが発生。受注が大幅に減少するも安売りはせず、「高品質の商品を適正価格で販売する」ポリシーを守る。平均単価563円／個で据え置き。

2012年
電力不足の影響で工場の一部ラインを停止せざるを得ない状況に陥る。素材価格の上昇もあいまって、20年ぶりに販売価格を値上げ。平均単価610円／個。

2014年
一眼レフなどのカメラブームが起こる。当社の製品は主に工業用途だが、研磨ホルダーは汎用性が高いため引き合いが増加。新規先からの受注も獲得したため、自然と平均単価は上昇し、623円／個。

　価格推移については、主力商品に関する話題の延長でヒアリングするとよいでしょう。毎年の細かな価格推移を知る必要はありませんが、過去に大きく価格が変動した年には、何が原因でそうなったのか、いくら値上げ（値下げ）したのか、などのポイントを聞いておきましょう。

　また、経営者から「素材価格が高騰して大変だったけど、『高品質の商

品を適正価格で販売する』というポリシーを守ったんだよ」などと経営哲学を聞くことができれば、あわせて記載しておきましょう。

　これらの情報から、不況に対して取引先がどれくらいの耐性を持っているのか、経営者が的確な経営判断を下せるのか、といった内容を把握することができます。

（4）競合先の状況

■競合先P社（●●県▲▲市）
・レンズ鏡胴の加工を主力としており、当社の完全競合先。大量生産を得意としており、近年はなりふり構わない低価格戦略でシェアを広げようとしている様子。
（主要販売先：Q社、R社）

【当社の強み】
・大量生産はできないが、職人の技術が卓越しており、高精度の製品を供給できる。

【当社の弱み】
・当社はP社ほど資本が充実しておらず、また工作機械の数が少ないため、価格的なメリットを出しづらい。

■競合先S社（■■県××市）
・利幅は薄いが、光学レンズ製造に使用する消耗品のラインナップが充実している。砥石一つからデリバリーする体制を取っており、メーカーから使い勝手が良いとの評価を得ている様子。
（主要販売先：T社、U社）

【当社の強み】
・大手メーカーとの信頼関係が構築されており、利幅の取れる製品を継続的に出荷できている。

【当社の弱み】
・当社には即納できる物流体制が整っておらず、小回りの利く対応ができていない。

事業性評価にＳＷＯＴ分析を盛り込んでいる金融機関は多いですが、取引先の「強み」や「弱み」を表面的なヒアリングや一般的な情報を基に分析すると、説得力のある内容にはなりません。

取引先の競合先の情報を集め比較検討することで、相対的に取引先の特徴を浮かび上がらせることができます。

調べる労力はかかりますが、より深い事業性評価が可能になると同時に、販売先などとのビジネスマッチングの精度が格段に高くなることは間違いありません。

この例では、取引先と競合関係にあるＰ社とＳ社を取り上げ、比較検討しています。まずＰ社については取引先よりも規模の大きな企業のようで、大量生産による低価格販売が特徴だそうです。これと比べることによって、取引先の弱みは工作機械の数が少なく大量生産による価格メリットを出せないことであると分析した一方で、強みは熟練した職人の技術があるために高精度の製品を生産できることだと判断しました。

またＳ社との比較では、多くの製品を適正価格で販売できることに強みを発見した一方で、小回りの利く物流体制がないことを弱みだと分析しています。

経営者に自社の強みや弱みを質問することは重要ですが、単純なヒアリングのやり方ですと経営者の強み自慢になってしまったり、特に強みも弱みも思いつかないなどという返答に終わってしまいます。敢えてライバル企業の話を出すことで、経営者にも冷静な比較分析をうながすことができるでしょう。

（5）組織図

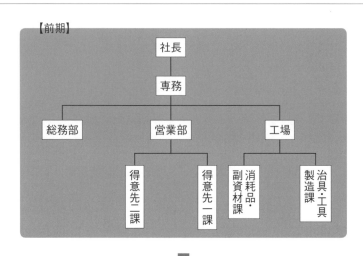

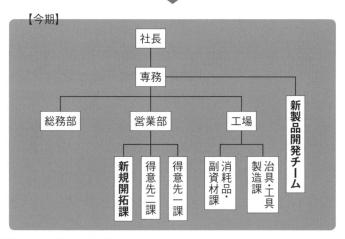

■前期から今期への変化
　今期、専務直轄の新製品開発チームが新設され、営業部の中に新規開拓課が設置された。
　新しいマーケットの開拓意欲あり。また、専務の権限を強化し、後継者として育成する意図があるものと思われる。

第4章　ソリューション営業を可能にする事業性評価

　組織図は情報の宝庫です。毎年定点観測することで、取引先の経営状態や事業戦略を把握することができます。

　この例では、まず専務直轄の新製品開発チームが発足しています。今後、当社の主力となり得る新製品を開発していくのかもしれません。そうだとすれば、開発に役立つ情報を提供したり、パートナーを紹介できれば喜んでくれるはずです。また専務の権限を強化する意図も見られます。後継者となるのであれば、渉外担当者としては早めに面識を得ておくべきですし、経営に必要となる様々な情報を提供することで信頼関係を構築していけるでしょう。

　さらに、今期は営業部の中に新規開拓課が新設されています。販路開拓のニーズがあることが分かりますし、もしかすると海外に進出しようとしているのかもしれません。経営者と深度のある事業戦略の話をするためにも、把握しておきたい内容です。

　中小企業は組織図をホームページなどで公開していない場合のほうが多いでしょうが、自社の受付横に内線電話機と一緒に設置していたり、営業フロアに掲出したりしているケースがあります。経営者にヒアリングするきっかけとして「今日、受付電話の横にある組織図（内線電話表）を拝見していましたら、海外事業部が新設されているのに気づきましたよ。進出のご計画があるのですか」、「営業フロアに人事異動の内容が貼られていましたが、初めて拝見する部署の名前がありました。新しい事業を立ち上げるのですか」などと話を振ってみるとよいでしょう。

　経営者も、自社の全体像を把握することからソリューションの提供につなげようとする担当者の姿勢に好感を持ってくれるでしょう。

(6) 人材の定着率

> ■年単位での離職率は約5%（中小企業平均12.3%）であり、低水準。
> 当社の従業員数は約20名であることから、年間の退職者は1名程度。
>
> ・人材の定着率が高い要因は以下のとおり。
>
> ①従業員の多い製造部では、ベテランと若手がチームを組むバディ制度を採用。
> 　ベテラン技術者が責任を持ってノウハウを教えている一方で、若手もレポートの作成
> 　が義務付けられている。
> 　教師と生徒のような関係が構築されており、しっかりと技術承継が進んでいる。
>
> ②営業部においては、担当者が大口受注を獲得した際にインセンティブを支給する制
> 　度がある。
> 　社内で表彰されるため、担当者のモチベーション向上に役立っている。
>
> ③誕生日休暇、結婚記念日休暇など独自の休暇制度を設けており、ワークライフバラン
> 　スを推進している。

　人材の定着率は働きやすさのバロメーターです。数値が高いか低いかだけでなく、その要因までヒアリングすることで、取引先の人材に関する課題の大部分を知ることができます。

　人材の定着率を左右するファクターは、給与や福利厚生など従業員への待遇、教育体制の整備状況などが挙げられます。課題がある場合には公的機関を紹介する、技能検定試験の活用を勧めるなどのソリューションを提供しましょう。

第4章　ソリューション営業を可能にする事業性評価

（7）経営者の夢

■会社に対して…
　経営者として以下の夢を持っている
　　①社員がいきいきと働き、この会社に入って良かったと思われる会社にしたい。
　　②当社の高品質な製品を世界中のユーザーに届けたい。
　　③同業他社から一目置かれ、地域社会の役に立つ会社に育てたい。

●考えられるソリューション
　・職場環境の改善…研修体制の整備、福利厚生の充実等に関する提案
　・海外展開…海外販路開拓に関する提案
　・プレゼンスの向上…各種コンテスト等に関する情報提供

■自身に対して…
　経営からリタイアした後は、趣味の釣りと読書を楽しみながら余生を過ごしたい。
　家族、特に妻には会社のことで苦労をかけてきたので、念願だった世界一周旅行に連れていきたい。

●考えられるソリューション
　・セカンドライフに向けた各種提案
　（貯蓄性預金、各種保険、年金や相続に関する情報提供）

　経営者の夢こそが究極の経営ニーズであり、それを叶えることこそが最高のソリューションです。経営者に対しては企業の指揮を執る「経営者としての夢」と、プライベートも含めた「個人としての夢」の両方をヒアリングするようにしましょう。

第5章

圧倒的に支持される金融機関になるために

1．取引先に接する際の心構え

　実践的な事業性評価を行い、首尾よく具体的なソリューションを提案していくためには、取引先との接し方について心に留めておくことがあります。ここでは、筆者が同行訪問する際に渉外担当者の皆さんにお伝えしている7つの心構えを挙げます。

（1）金利は瞬発力、ソリューションは総合力

　筆者が若手の渉外担当者だった頃に、先輩からよく聞かされた言葉があります。「金利で取った客は、金利で逃げる」。低金利攻勢で獲得したお客さんとの関係は長続きせず、次回の調達時には、より低い金利を提示した金融機関に流れていくぞ、という警句です。

　正直なところ、当時の筆者は「そんなこと言ったって、金融機関は特長を出せるのが金利だけなんだから、仕方ないじゃないか」と思っていました。しかし、本書を読み進めてくださった皆さんならお分かりのとおり、この考え方はあまりにも近視眼的で大局が見えていません。

　まず、取引先が求めているのは低い金利だけ、という何の根拠もない固定観念に支配されています。これでは取引先の本業をサポートしようという発想は生まれません。さらに低金利で融資案件を獲得すれば、瞬間的には数字が積み上がり担当者個人としては満足感に浸れるかもしれませんが、これは金融機関という組織体で見ると満足できるものではありません。利鞘は縮小しますし、もしかすると逆鞘に陥るかもしれません。また、次回の提案時には、同水準もしくはそれ以下の金利を提示しなければ案件を取れないでしょうから、結局のところ担当者も自分の首を絞めることになります。つまり、低金利営業はその瞬間だけ力を発揮する瞬発力しかないの

です。

　一方、ソリューション営業は総合力を発揮します。これには2つの意味があり、1つは担当者の知識やノウハウ、行動力など全ての力を使って提案するものだという意味で、もう1つは、その結果総合取引につながるという意味です。ソリューション営業は低金利営業よりも大変です。取引先の事業や業況を把握し、経営課題をヒアリングし、具体的なソリューションを提案しなければなりません。しかし、そこから得られるのは取引先からの絶大なる信頼です。融資案件を獲得できるのはもちろん、その後何かにつけて経営者から相談される機会も増えるでしょう。

　また、ソリューション営業は渉外担当者自身のスキルアップにもつながります。ぜひ短期的な快楽を追求する低金利営業ではなくて、総合力で取組み総合取引を実現するソリューション営業を選んでほしいと思います。

（2）現存する企業には必ず良いところがあると思え

　「今日は一日かけて、主要な取引先さんをグルッと回りましょうか」などと、筆者が営業店で話していますと、特に若手の担当者から「私の取引先には面白い先がありませんから、同行訪問は結構です」と言われてしまうことがあります。とても残念な気持ちになります。

　と言うのも、今現在存続している企業で面白くない企業があるはずはない、と断言できるからです。たかだかこの30年程を見ただけでも、バブルの崩壊、それに伴う長期のデフレ、リーマンショック、未曾有の大震災があって、それでも生き残っておられる企業がつまらないはずはありません。何らかの価値を社会に提供しているから今も存続しているのです。であれば、金融機関もその取引先に価値を提供することで認めてもらえばいいではありませんか。そして、その価値が取引先の経営課題に対処するためのソリューションであれば、言うことありません。

取引先の良いところが分からない、という渉外担当者は残念ながら、取引先の事業把握が十分にできていないと言わざるを得ません。企業の価値は必ずしも決算書に表れるとは限りませんし、ましてや担保となる資産を多く保有している、経営者が保証人になってくれるということが優良企業の条件ではありません。商品、技術、商流、経営方針などをつぶさに見ていくことで、初めて取引先の価値を見出すことができるのです。

自分の取引先の良いところはどこだろうか、と探り当てることを楽しむくらいの気持ちがあれば自然と企業に興味が湧くでしょうし、経営者とのコミュニケーションも円滑に進むはずです。

(3) ソリューションの失敗はただ1つ「やらないこと」だけだ──

同行訪問をしていると、時おり渉外担当者から「今までに間違ったソリューションを提案したことはありますか」と尋ねられることがあります。答えは「何百回もありますよ」です。「今までにビジネスマッチングが、うまくいかなかったことはありますか」とも質問されます。こちらの答えも「何百回もありますよ」です。しかし、「ソリューションやマッチングで失敗したことはありますか」との問いには、「ありません」と答えるようにしています。

言葉遊びのように聞こえるかもしれませんが、取引先のニーズに合致したソリューションを提供できなかったり、ドンピシャのマッチングができなかったことは、失敗ではないのです。なぜならば、ドンピシャの提案にならなかった場合にも、中小企業の経営者にとっては多くの気付きを得られる貴重な機会となるからです。

同行訪問をしていて、実際に次のようなことがありました。その取引先は工業用バネのメーカーで、特に微細な加工をほどこす極小バネには高い技術力を持っていました。金融機関の渉外担当者と協力し、大手電機メーカーとの商談をセッティングしたのですが、結果は不成約でした。残念な思いを引きずりながら帰ろうとしていると、経営者から呼び止められました。「今日はありがとう。成約はできなかったけど、我が社のダメなところがよく分かったよ」。お礼を言われるとは思っておらず驚いたのですが、経営者いわく「成約できなかった原因は価格が合わないことだったよね。確かに我が社は生産能力が低いから、一部の仕事を外注先に出している。これがコストダウンできない原因だと気付いた。それに原材料の調達にも問題がありそうだ。もっと安く仕入れないと、製品価格を下げることはできないなと思ったよ」とのことでした。もしかすると大手電機メーカーとの取引よりも、もっと大切なことを取引先にお伝えできたのではないか、と筆者は感じています。

さて、では何が失敗なのでしょうか。それは、的外れの提案やマッチングの不成約を恐れて、ソリューションを提供しないことです。動かなければ何も始まらないにもかかわらず、動かないことです。仮に動いた結果、的外れや不成約だったとしても、経営者は担当者が自社のために動いてくれたという過程を評価してくれますし、十分に誠意は伝わるはずです。一歩を踏み出さないことだけが失敗だという心意気でソリューションに取り組みましょう。

(4) 素人発想、素人工夫が企業を救う

　上述した、失敗を恐れずにまずは動くことに意味がある、という証左にもなるのですが、渉外担当者の第三者的な視点が取引先を救う例もあります。

　ある金融機関の取引先にビニールハウスなどで使われるビニールを加工するメーカーがありました。農業人口の減少は明らかで、経営者も何とか売上の減少に歯止めをかけたいと考えていました。そのような折、渉外担当者がほんの思い付きで次のような話をしました。「先日、家族でイチゴ狩りに行ったのですが、ビニールハウスの中は暖かいですね。あのビニールの特性を一般住宅にも活かすことはできないものですかねえ」。担当者は雑談のつもりで話したようですが、経営者にはひらめくものがあったようです。すぐに研究開発に乗り出し、できあがったものが断熱性能の高い建築資材でした。

　同じ業界に長くいるが故に、ともすると経営者は視野が狭くなってしまいがちです。渉外担当者はその道の専門家ではないからこそ、自由な発想をすることができます。素人だからと言って恥ずかしがることなく、パッと思い付いたことや素朴な疑問などをむしろ積極的に投げかけていきましょう。

(5) 過剰営業は、なお及ばざるがごとし

　ソリューションの提供、とりわけビジネスマッチングに慣れてくると陥ってしまうのが、この病気です。企業や商品への思い入れが深くなるあまり、他のどの取引先に行っても、商品の宣伝をしてしまうのです。

　実際に同行訪問していても、ある担当者は「社長、私の取引先が開発した会計管理ソフトなんですけどね、絶対に損はさせませんから一度使って

みてくださいよ」と訪問する先々でセールスマン顔負けのトークを繰り広げていました。売ってもらうほうはいいかもしれませんが、唐突に売り込まれるほうはたまったもんじゃないな、と筆者は思いました。

　ビジネスマッチングの大原則は、「ニーズ」を持っている企業に「シーズ」を持っている企業を引き合わせることです。マッチングという1つの行動で、ニーズを持っている企業からは「良い商品（技術、サービス）を紹介してくれて、これで我が社の経営課題が解消されるよ」と喜んでいただき、シーズを持っている企業からは「おかげ様で当社の商品（技術、サービス）を提供できる会社が見つかったよ。ありがとう」と感謝していただくのです。紹介した双方から満足してもらうのがビジネスマッチングであって、上記のようにどこにでも宣伝するやり方は、単なる押し売りに過ぎません。

　金融機関は多くの企業に資金を貸し付けており、言わば債権者の立場にあります。債務者である取引先からすると「金融機関が勧めてきた商品だから無下に断る訳にもいかないな」という心理が働きます。渉外担当者にその気はなくても言動には注意しておきませんと、優越的地位の濫用だと受け取られかねません。

　これではせっかく取引先の支援のためにやろうとしたビジネスマッチン

商品の押し売りではなく、紹介した双方に満足していただくのがビジネスマッチング

グが逆効果になってしまいますので、いくら取引先の商品に惚れていても過剰営業は慎みましょう。

（6）ほったらかしは最大の機会損失

　第3章でもアフターフォローの大切さには触れましたが、せっかくソリューションを取引先に提供してもほったらかしにしていては意味がありません。うまく事業が進んでいれば増加運転資金や設備資金などの融資案件発掘につながりますし、預金獲得のきっかけになる場合もあります。一方、進捗が芳しくない、ビジネスマッチングで不成約になったなどのネガティブな情報も確認しておく必要があります。なぜうまくいかなかったのかをヒアリングすることで次回はもっと精度の高い提案ができるようになるからです。

　さらにシビアな指摘をしますと、経営者は担当者がソリューションを提供した後の姿にもっとも注目しています。渉外担当者は本気で我が社のことを考えてくれているのか、無責任に言いっ放し、やりっ放しにしないか、といったことは提案後の行動に表れてきます。

　取引先が到底できもしないことを提案する担当者はいないと思います。現実的で具体的な提案をすると思いますが、そうであるならば経営者が提案を採用してくれたかどうかも含めて、訪問の都度、進捗を確認する習慣をつけましょう。地道な行動が機会損失を防ぎ、最大の効果をもたらしてくれるはずです。

（7）謙虚に、したたかに

　中小企業の経営者は家族や従業員の人生を背負って、日々経営に奮闘しています。当然のことながら、金融機関の渉外担当者は経営者に対して敬意を持って、謙虚に接していかなければなりません。ただ、その一方でソ

リューション営業を展開していくにおいては、したたかに接していく必要もあります。

　ソリューションはボランティアで提供しているのではありません。例えは悪いですが、もし読者の皆さんの中に「私はソリューションを提供して社長の笑顔が見られたら、もうそれだけで大満足なのだ」という人がいたら、今すぐNPO法人に転職したほうがいいでしょう。

　ソリューションは金融機関としての総合的な取引深耕のきっかけとして提供するものであって、それ自体が目的化してしまってはいけません。もちろん初めから見返りを求めるような態度をとることは論外ですが、ソリューションの提供で経営者から信頼を獲得し、その後の取引につなげていくという姿勢は絶対に必要です。百戦錬磨の経営者から一目置かれる担当者になるためには、むしろこのしたたかさを見せることが大切になると思います。

2．圧倒的に支持される金融機関になるために

（1）マーケット縮小の時代へ

　金融庁は平成28事務年度金融行政方針において、持続可能なビジネスモデルを構築できない地域金融機関に対しては、経営陣と深度ある対話を行い、課題解決に向けた対応を促すという方針を打ち出しました。

　この背景には人口減少社会の到来と、日本銀行のマイナス金利政策が関係しています。総務省が行った平成27年の国勢調査によりますと、日本の人口は初めて減少に転じ、平成22年よりも約96万人減少したそうです。さらに厚生労働省の発表によりますと、平成28年に生まれた子どもの数が調査開始以降初めて100万人を割り込む結果になるそうです。何となくまだ

先の話だろうと思っていた人口減少社会に日本はついに足を踏み入れたことになります。

　また、平成28年1月には日本銀行の金融政策決定会合にてマイナス金利政策の導入が決まりました。経済、物価を下支えしていく必要があるため、当面はこの金融緩和を継続していく方針だそうです。

　このような社会の動きを受けて、金融庁は今まで金融機関が取ってきた貸出を量的に拡大していくビジネスモデルでは、中長期的に経営が成立しない可能性がある、と危機感を募らせているのです。

　しかしながら、この持続可能なビジネスモデルの構築を単純に金融機関の合併を促すものととらえるのは早計だと筆者は思います。むしろ、新たな収益の柱を検証することをせず、大きな合併を成し遂げて「やれやれ、これで一安心」と思っている金融機関こそ、規模の拡大のみに終始していないか内省するべきだと思います。

　さて、読者の皆さんもお気づきのとおり、金融機関だけが人口減少社会のデメリットにさらされる訳ではなく、食品製造業も旅行業も土木建設業も同じようにマーケットの縮小に挑み、収益を獲得していかなければなりません。

　この逆風の中で業績を伸ばしているのがベビーフード産業です。赤ちゃんの人口は昭和48年をピークにずっと減少が続いています。当然ベビーフードの市場規模も減少しているはずですが、実は逆に拡大しているのです。業界のある会社がインスタントコーヒーの技術を応用してフリーズドライの離乳食を開発しました。簡単に離乳食を作れるということが評判になり、忙しい母親から支持された結果、既存品と約3倍あった価格差を跳ね返して大ヒット商品になりました。他社も追随し、様々な味のレトルト商品が開発されるに至り、高価格ながら付加価値の高い商品が業界のスタンダードになりました。

話を元に戻しましょう。金融機関が顧客に提供できる付加価値とは何でしょうか。お金に色を付けたり、形を変えて価値を上げることはできません。金融機関が付加できる価値とは、お金そのものではなく、渉外担当者の行動です。金融機関の商品とは、お金ではなく人です。取引先から選んでもらえる金融機関になるためには、人つまり渉外担当者の行動を価値あるものに変える必要があります。これが、すなわちソリューション営業です。

(2) ソリューション有償化の是非

　金融庁の危機意識と歩調を合わせるかのように、いくつかの地域金融機関ではソリューションを提供する見返りとして新たな利益を得ようとする取り組みが始まっています。その代表的なものがビジネスマッチングの有償化です。マーケット縮小時代の到来とソリューション営業の重要性を認識した上での決断だと思いますが、筆者はソリューションを取引先に有償提供することについては、特段の注意が必要だと考えています。

　例えばビジネスマッチングの成功によって報酬を受け取るビジネスモデルに関しては、以下の懸念が生じます。

　まず、顧客との取引がビジネスマッチングで完結してしまうのではないか、という懸念です。先述したとおり、ソリューション営業と融資案件の発掘はひと続きのものです。これは中小企業の商取引は多少のタイムラグがあったとしても必ずお金の移動を伴うためです。取引先の商取引の支援をして、その先にある資金動向を掴み取るのがソリューション営業の神髄です。ところが、ビジネスマッチングに成功報酬が必要となってしまうと、経営者は報酬を払った瞬間に取引を終えたという気持ちになり、その後の資金調達に関しては別問題という姿勢になる可能性があります。これでは融資に結びつけるのが困難になります。

また、ビジネスマッチングの成功は縁とタイミングに左右されることが多いにも関わらず、報酬の受け払いがあるがために取引先からマッチング業務単体で金融機関を評価されてしまう可能性があります。つまり、マッチングしてくれた銀行は高評価、できなかった信金は低評価という具合に、マッチングの成否でのみ金融機関の値打ちを決められる恐れです。

　最後にもっとも懸念されるのが、渉外担当者が販路開拓に関するマッチングだけを追いかける事態になりはしないかということです。第3章で見たとおり、中小企業には様々な経営課題があり、それに対応するために処方するのがソリューションだと述べてきました。しかし、成功報酬の獲得が目的化してしまい、コスト削減や人材活用に関する課題に見向きしなくなってしまうと本末転倒です。

　筆者はソリューションの有償化を全否定したいのではありません。実際にビジネスマッチングを有償化し、大きな成功を収めている金融機関もあります。鹿児島県の南日本銀行は「WIN‐WINネット業務」と銘打って、新規の販路開拓コンサルティングにいち早く取り組んでいます。売上支援実績は5年間で約440先、3,183百万円（平成28年3月末時点）に及びます。同行はビジネスマッチングを有償化することで、売上支援に関する本気度を内外に示し、他行庫との差別化に成功したのです。

　ただ、同行も全てがスムーズに進んだ訳ではなさそうです。実際にお話を伺うと、実施にあたり業務マニュアルの作成やシステム構築などの体制整備を行ったそうです。また取引先と販路開拓に関する業務委託契約を結ぶ際には、業務の主旨やスキームについて丁寧な説明が求められます。そればかりではなく、行内では渉外担当者の動きが活発化するように何度も勉強会を開き、業績評価制度も抜本的に改めました。

　ここまでの準備を行ってようやく有償化に舵を切ることができたのです。ソリューションの有償化は一朝一夕にできるものではない、ということが

ソリューションの有償化は地域の取引先の声に耳を傾けてから

よく分かると思います。様々な体制整備を行うと同時に、取引先に向けてもしっかりとした説明が必要になります。

ソリューション活動を新たな収益源とすることは、確かに今後金融機関が取り得るビジネスモデルの１つかもしれません。しかし行内の体制を整えることはもちろん、ぜひ地域の取引先の意向に耳を傾けて、真に有償化できる環境にあるのかを金融機関には判断してほしいと筆者は切に願います。有償化したという専断を取引先に押し付けるのではなく、多くの経営者と対話することで是非を判断する金融機関であってほしいと思います。

（３）圧倒的に支持される金融機関になるために

①経営方針を明らかにする

ソリューション活動を無償で行うにしても有償で行うにしても必ず必要となるのが、金融機関が内外に経営方針を打ち出すことです。取引先に対していかなるソリューションを提供していくかを宣言することは、主体性を持った経営に取り組む第一歩となります。

誤解を恐れずに述べると、長らく地域金融機関は金融庁の鼻息をうかがうような主体性のない存在でした。不良債権をあぶり出す金融庁の資産査定検査に汲々とし、何か号令がかかると全国の銀行に似たような名前の部署が乱立しました。金融庁の意に沿って、他の金融機関と同じように振舞

っておけばいい、という地域の中小企業不在の思考に陥っていたのです。そこには主体性を持つ必要性も、他行庫と差別化しようという必要性もなかったに違いありません。

　しかし、右へ倣えの時代は終わりました。商売できるマーケットの規模は縮小し、経済環境も金融機関にとっては逆風の中で、個々の金融機関が生き残る方法を考えなくてはなりません。平成28年9月には金融庁から金融仲介機能のベンチマークが発表されました。これは「金融機関が、自身の経営理念や事業戦略等にも掲げている金融仲介の質を一層高めていくために、自身の取組みの進捗状況や問題等について客観的に自己評価する」ためのツールです。全部で55項目ありますが、特筆すべきは全ての金融機関が取り組むべき「共通ベンチマーク」とは別に、各金融機関が自身の事業戦略やビジネスモデルを踏まえて選択できる「選択ベンチマーク」が用意されていることです。筆者は金融庁が「これからは自分たちで考えなさいよ、自分たちで選択しなさいよ」と言っているような気がしてなりません。

　今後地域金融機関に必要となるのは、他行庫と差別化したビジネスモデルを堂々とやってのける主体性だと思います。もちろん差別化していくのはソリューション活動です。

　例えば、①地域に生産財のメーカーが多いのならば、大学だけでなく高等専門学校や公設試験研究機関と連携し徹底的に製造業の支援に注力する、②地域に商店街や食品を扱う取引先が多いのならば、美味しい食べ物を集めたカタログを金融機関が作成し、バイヤー企業に渡したり、ATMの横に設置して販売の協力をする、③リテール営業に注力するのならば、化粧品や食品、生活雑貨を扱う中小企業に出店してもらい、展示即売会を通じて個人と法人の交流を図る、④農村地帯が営業エリアにあるならば、農家と仕入業者や飲食業者とのビジネスマッチングを図り、農業分野で存在感

第5章　圧倒的に支持される金融機関になるために

を示す、⑤海外展開支援で差別化するために、日本貿易保険や日本商事仲裁協会などの公的支援機関と連携し、一気通貫で取引先の海外ビジネスをサポートする、といったように今一度自行庫の営業エリアにどういった産業や中小企業が存在するのかを調査し、経営者のニーズに耳を傾け、それに真摯に対応していく方針を打ち出すべきです。

　中小企業もこれからマーケット縮小の時代を迎えます。必然的に金融機関の力を頼るシーンも増えるでしょう。その際にしっかりとしたソリューションを提案できるよう、いち早く準備を進めておく必要があるのです。

　「倜儻不羈（てきとうふき）」という言葉があります。この言葉はもともと同志社大学の創始者の新島襄が教育の理念として残したものですが、後に歴史小説家の司馬遼太郎が講演や著書の中で度々この言葉を紹介しています。意味は「確固たる信念を持って自分の責任のもとに独立し、常識や権力に拘束されることのない自由な人間であれ」ということです。まさに、これからの地域金融機関に求められる姿ではないでしょうか。

②内部の体制を整える

　ソリューション営業を営業店に浸透させ、発展させるために絶対に必要となるのが、環境作りです。制度面と渉外担当者の情緒面の二方面から整えるポイントを見ていきましょう。

〈制度面〉

　まず制度面ですが、業績評価指標の改定が必要となるでしょう。現在多くの金融機関で設けられている指標は、営業店が短期的な収益を獲得することを評価しているため、渉外担当者の動きもおのずから貸出量を追求するものになります。低金利の提案をしても他行庫との金利競争に勝利すれば数字は積み上がりますから、自分の成績のために店の成績のために一生懸命活動します。しかし、逆の言い方をしますと、担当者は評価されない

項目に関しては真剣に取り組みません。

　したがって、ソリューション営業による取引先支援項目を重要な成果指標として位置づけていく必要があります。今まで述べてきたとおり、ソリューションの提供から融資に結びつけた案件というのは、他行庫との金利競争に陥らず適正金利で対応できることが多いです。種まきから案件獲得まで多少の時間がかかったとしても、これは金融機関の経営という大局的な観点からも歓迎すべきことです。中長期的な視野を持てば、ソリューションによる取引先支援項目の評価ウェイトを高くする意義も明らかでしょう。

　これはあくまで一例ですが、以下のような評価指標があったとすれば、渉外担当者の皆さんの意欲も湧いてきませんか。

　この評価指標は全部で4つの段階に分かれています。段階をクリアするごとにポイントを獲得でき、成績が評価されます。

　まず第一段階は経営者とコミュニケーションをとり課題やニーズを把握するステージです。情報を把握して金融機関のデータベースに入力した時点で1ポイント付与されます。

　第二段階はその課題やニーズに対してソリューションを提案するステージです。本書で挙げた現場でできる活動でも結構ですし、本部が実施する展示会等のイベントに誘引する方法でも構いません。とにかく何らかの対応ができた時点で1.5ポイント付与されます。

　第三段階は経営者にその後の進捗状況を確認するステージです。訪問してヒアリングを行う度に0.2ポイントが付与されます。

　そして第四段階が融資実行のステージです。ソリューションによって発生した資金需要をキャッチアップして融資できれば、今までのポイントが2倍となり渉外担当者の成績に加算されます。

　一方、お願いセールスで無理やり獲得した融資案件や取引先の事業を把

握することなく実行した融資案件には、一律2.5ポイントが付与される決まりになっています。

したがって、課題把握、ソリューション提案、進捗確認を地道にこなしていけば合計で5.4ポイントを獲得でき、短期的な利益を追求するために融資した案件の２倍以上のポイントを獲得できます。仮になかなか案件発掘に結びつかなくてもコツコツと取引先を訪問し進捗確認を続けていれば、その都度0.2ポイントが付与されるので花開いた時の獲得ポイントは非常に大きくなります。

このような評価指標があれば、報われないと嘆く担当者も減るでしょうし、何より取引先の経営者に寄り添って営業する姿勢が自然と身に付くように思います。

〈情緒面〉

さて、制度面だけではなく、渉外担当者の情緒面に対してもアプローチが必要です。これは営業店の支店長や先輩職員の努力なくしては達成できません。

もっとも重要になるのが担当者の自己肯定感を高めることです。言葉の定義は１つではありませんが、大まかには「自分の価値や存在意義を自分で認められる感覚」という意味で、最近は学校などの教育現場などでも重要視されています。

本書で述べる渉外担当者の自己肯定感のアップは、ソリューション営業をとおして行われます。どういうことかと言いますと、ソリューションを提供することで中小企業経営者のお役に立っているという感覚を得て、ひいては自分は地域社会や日本経済にとって有用な存在なのだ、という気持ちになってもらうことです。尊大に思われるかもしれませんが、この感情は非常に大切です。

筆者も昔、渉外担当者として取引先を駆け回っていましたが、不必要な

渉外担当者の自己肯定感アップが
ソリューション営業を浸透させるポイント

　資金を無理やり貸し付けたり、営業店の都合だけで数字を積み上げたりしていますと「自分はまったく取引先の役に立っていない。むしろ社会悪だ」などとネガティブな感情に支配されていた時期がありました。正直なところ、卑屈なお願いセールスに転落していました。営業店の特に若手の皆さんにはそうなって欲しくありません。

　一手間一工夫を加えたソリューションを実行することに誇りと面白味を見出すようになりますと、まずモチベーションが向上します。経営者の役に立っているという感覚は、給料など目に見えるものとは比べ物にならない程、自らを鼓舞する原動力になります。渉外担当者一人ひとりの自己肯定感が高まれば、極めてクオリティの高い最強の組織ができあがるでしょう。

　もう1つ渉外担当者のモチベーションを高める方法が、武勇伝を大いに語り継ぐということです。ソリューション営業に基づく融資実行には、必ず支援ストーリーができます。このストーリーを営業店内で評価するのはもちろん、支店長会議の場で成功事例として発表したり、行内のイントラネットで掲示したりして共有していきます。会報誌やディスクロージャー誌に掲載して外部に広報するのもよいでしょう。さらに一歩進めて、金融

庁や中小企業庁に報告して自慢してみるのもよいでしょう。

　とにかく支援ストーリーという名の武勇伝を称賛し、共有し、次の世代へと語り継ぐのです。そうすればこのストーリーは一社の取引先に対するものではなく、ノウハウとして金融機関の中に蓄積されます。また、自分も武勇伝を語れる英雄になりたい、と他の渉外担当者の奮起をうながす効果もあるでしょう。

　山本五十六元帥の有名な言葉に「やってみせ、言って聞かせて、させてみせ、ほめてやらねば、人は動かじ」というものがあります。本書によってソリューション営業のやり方が分かったとしても、まだ不十分なのです。渉外担当者が動いた結果を上司や先輩が褒めて、金融機関としても大いに評価して初めて、ソリューション営業は定着し発展させることができるのです。

③取引先とのリレーションを強化する

　取引先にソリューション営業でアプローチする際のキーワードは「共有と伴走」です。すなわち、経営課題を共有しソリューションの提供によって取引先に伴走するのです。

　実際にいくつかの地域金融機関では、事業性評価で抽出した課題を経営者と共有する取り組みが始まっています。もちろん、それだけでは不十分で取引先の事業が発展していくように様々な角度からソリューションを提案実行していかなければなりません。これが伴走です。

　「共有と伴走」は漢字は違えど、どちらも「ともに（共に、伴に）」と読めます。思えば地域金融機関の在り方は、地域社会に寄り添い、取引先に寄り添い、ともに歩んでいく姿勢ではないでしょうか。今一度、原点に戻る必要があるかもしれません。

　ソリューション営業の主役は営業店であり、渉外担当者である読者の皆

さん一人ひとりです。取引先にもっとも近いところにいる皆さんがソリューション営業を始めなければ、中小企業も金融機関も地域社会も日本経済も好転することはありません。自行庫内はもちろん、他の金融機関とも切磋琢磨しながら、ぜひソリューション営業を展開していってください。

〈著者略歴〉
■竹内　心作(たけうち　しんさく)

　大学卒業後、商工組合中央金庫に入庫し、法人営業に従事。その後、大阪市の中小企業支援拠点である公益財団法人大阪市都市型産業振興センター（大阪産業創造館）に入所。公的機関と金融機関が連携して中小企業の経営支援にあたる取組み「中小企業応援団」を発足させ、事務局の統括責任者に就任。地方銀行や信用金庫の渉外担当者と同行訪問を行い、経営者と直接対話することで様々なソリューションを提供している。現場で得たノウハウや知見を金融機関の役職員に向けて発信しており、講演や職員研修などでの登壇も多い。地域金融機関の経営をサポートする組織「地域金融ソリューションセンター」代表。主な著書として「ビジネスマッチング70成功事例集」（銀行研修社、共著）がある。

ソリューション営業のすすめ方
～事業性評価から「業績」につなげるノウハウ満載～

2017年4月21日 初版発行
 1刷 2017年4月21日
 3刷 2018年6月22日

著 者 竹内心作
　　　　（たけ　うち　しん　さく）

発行者 星野広友
　　　　（ほし　の　ひろ　とも）

発行所 　㈱銀行研修社
　　　　東京都豊島区北大塚3丁目10番5号
　　　　電話　東京 03(3949)4101(代表)
　　　　振替　00120-4-8604番
　　　　郵便番号　170-8460

印刷／株式会社キンダイ
製本／株式会社常川製本
落丁・乱丁はおとりかえいたします。
ISBN978-4-7657-4551-2 C2033

> 謹告 本書の全部または一部の複写、複製、転記載および磁気または光記録媒体への入力等は法律で禁じられています。これらの許諾については弊社・秘書室(TEL03-3949-4150直通)までご照会ください。

2017 © 竹内心作 Printed in Japan

銀行研修社の好評図書ご案内

ベテラン融資マンの知恵袋
融資のイロハを分かりやすく手ほどき

寺岡 雅顕 著

A5判・並製・256頁
定価：2,200円＋税
ISBN978-4-7657-4422-5

本書は、永年地域金融機関の融資の第一線で活躍してきた"ベテラン融資マン"が、初めて融資に携わる方を対象に、「これさえ読めばとりあえず融資の実務で困らない」基礎知識を易しく解説した、融資の入門書としての決定版です。

企業観相術

依馬 安邦 著

A5判・並製・208頁
定価：1,809円＋税
ISBN978-4-7657-4272-6

財務データや書類だけにとらわれず、担当者自身の五感を活用することによって企業の真の姿を見極め、的確な信用判定につなぐ力が身につく、融資担当者必携の書です。

融資ネタ発見の着眼点
事例にみる

林 弘明／石田 泰一 著

A5判・並製・164頁
定価：1,759円＋税
ISBN978-4-7657-4449-2

現在の資金需要不足の環境における担当者の経験不足に鑑み、長年実務に携わった融資のプロが手掛けた案件をパターン化し、ケーススタディで解説しました。本書により、案件化の実践手法が身に付き、パターンの応用で融資セールスの実績向上が狙えます。

保証協会保証付融資取扱Q＆A
第二版

全国信用保証協会連合会 編著

A5判・並製・304頁
定価：2,222円＋税
ISBN978-4-7657-4531-4

基本的な信用保証制度の内容、実務上押さえるべき必須事項をQ＆A式で1冊に集大成しました。初版刊行より改定された保証制度・新保証制度等を網羅した、営業店融資・渉外担当者の実務必携書です。

貸出稟議書の作り方と見方
第五版

銀行研修社 編

A5判・並製・248頁
定価：2,200円＋税
ISBN978-4-7657-4365-5

①貸出案件の採上げから貸出実行まで実務処理に即しての留意点、②稟議項目および稟議書付属書類の具体的作成方法、③稟議書の実際例から「良い稟議書」の記述方法、④貸出稟議書を通して的確に判断できる「技」と「眼」を養成する記載内容のチェック方法等について、基礎から実践レベルまでの内容を解説した基本書です。

決算書読破術
第十一版

齋藤 幸司 著

A5判・並製・268頁
定価：2,190円＋税
ISBN978-4-7657-4234-4

本書は、多数の企業の決算処理を受け持っている著者が、決算書を素材に具体例を挙げ、易しく解説した1冊です。研修テキストや初心者の入門書・ベテランの復習におすすめです。

税務申告書読破術

税理士法人平成会計社 編著

A5判・並製・192頁
定価：2,130円＋税
ISBN978-4-7657-4439-3

本書は、税務申告書チェックの前提となる決算書の見方と税務申告書の見方を基本に、地方税申告書の見方を加え、最近営業店に問われる「課題解決型営業」の着眼点を税務申告書からつかむ方法等を解説しました。

プロが語る企業再生ドラマ

清水 直 著

A5判・上製・368頁
定価：2,857円＋税
ISBN978-4-7657-4266-5

著者の40数年間の弁護士生活で関与した数多くの案件から14件を厳選し、日々の実践の中で体得した公正・衡平・遂行可能という「企業再生の理念」に基づくノウハウを随所にちりばめた実例集です。

▶最寄の書店で品切れの際は、小社へ直接お申込ください。